# 感謝

這本書的出版，首先要感謝家人的全力支持，母親、岳父母和兄弟姊妹的不斷親身體驗；妻子的協助校稿；特別是小兒子坤駿的整個成長期爲了支持我的想法，嚴格的實行早睡的規律生活，養得一張白裡透紅的蘋果臉。

同時，要感謝我學習和研究中醫的兩個老師費倫教授和陳玉琴女士，以及上海著名漫畫家鄭辛遙先生特別爲本書繪製的插圖。

費倫教授原來服務於上海復旦大學，現任職上海市經絡科學研究中心。費教授是中國著名的科學家，從一九九三年開始從事經絡物質的研究，一九九八年三月在中國的科學通報上第一次發表研究成果。這份研究報告，是人類第一次用物理學的方法，從人體解剖中證實經絡確實存在的證據。

陳玉琴女士是一個自學成功的推拿師。她從中國古籍中體會出一套獨特的人體邏輯，並且用這套邏輯，加上推拿的治療手法，先後克服了許多不同的慢性病。陳女士很多寶貴的臨床經驗是我學習中醫的最早啓蒙經驗，也是這本書中身體部份養生法的基本觀念來源。

【作者序】

# 從資訊科技的觀點闡釋中醫

小時候英文課本中，一個國王祈求點石成金的故事讓我印象深刻，「點石成金」是西方自古以來科學發展的最主要動力。相對於西方的點石成金，東方的中國帝王則不斷的追求長生不老術。這兩種不同的動機，推動著東西方的科學走向兩個不同的方向。

記得小時候，書本上介紹科學家時，所用的圖片都是放了一大堆瓶瓶罐罐的化學家，在二十世紀末期資訊工業開始發展之前，大家印象中的科學家大多數是化學家。西方的醫學就是在那樣的時空背景中發展出來的，無論是檢查或者治病的藥，都是化學的邏輯、方法和製品。一直到今天，西方醫學仍然充滿了化學科技的影子，甚至可以說是用化學方法來治病的科學。

中國人經過了幾千年追求的長生不老術，發展出獨具一格的醫療技術。中醫認爲人體是一個小宇宙，而且建立了陰陽五行的理論。近百年來，無論西方人或中國人都認爲這種陰陽五行的理論沒有科學根據，根本是玄學。

二十世紀末和本世紀初，資訊和網路科技成爲新科技的象徵，幾乎人人都或多或少的具備一定程度的資訊或網路科技知識，資訊和網路科技中最重要的是系統學。從現代系統學的觀點回頭看中醫的陰陽五行，我們可以發現原來陰陽五行理論，是那個沒有儀器和數據的年代，用來描述系統的一種方法。

在過去我們無法找到一個類似的系統，利用比擬的方式來解釋人體。但是在現代系統學發達的年代，用我們熟知的資訊和網路系統來解釋人體，將是一個使中醫更容易被理解的方法，這本書就是試著用這個角度來描述中醫理論。和西方醫學相比，中醫可以說是用系統學治病的科學。

軟體是資訊科技中最特別的事務，它是人類製造的第一個無法從硬體中用肉眼看到的東西，如果不明白有軟體的存在，直接用解剖電腦硬體的方法，是無法證實軟體的存在。人體的功能遠較電腦複雜千萬倍，從資訊科技的觀點，

人體不可能只是單純的硬體，必定存在著我們無法用解剖學驗證的許多軟體。中醫學的許多理論和概念，很可能就像電腦的軟體一樣，永遠無法從解剖學中得到驗證。

人體是一個非常複雜的系統，而製造方法卻很簡單，只要一對男女在一起，一不小心就會造個人出來，可是人體的維護卻又極爲複雜。醫院裡的醫生在醫學院裡必須讀七年，然後又要在醫院中繼續學習多年之後，才能成爲一個能夠獨當一面的醫生。可是即便是今日最著名的醫生，也有一籮筐的疾病是他束手無策的。

在我花了多年研究中醫之後，發現錯誤的健康觀念所形成的錯誤生活習慣，以及對於疾病的錯誤處理方式，使得人體的血氣不斷下降，各種不同程度的血氣不足，形成了不同的慢性病。也就是說，大多數的慢性病的眞正原因，其實是用錯誤的方法使用人體所造成的結果。

現代醫學面對眾多無法解決的慢性病，一味的寄望未來某一天能發明新的藥物，一舉克服某一種疾病，這種研究方向很可能是不切實際的。回復正確的

生活習慣，並且用正確的方法處理疾病，使人體的血氣逐漸上升，修復及再生系統發揮作用，應該是人類更有機會克服慢性病的途徑。

作者／吳清忠

一對男女在一起，一不小心就製造出一個人來，複雜而完美的人體，就用簡單的方法製造出來。

（漫畫／鄭辛遙）

# 目錄

# 第二章・人體的系統……031

## 第三章．人體的血氣能量系統……077

# 第六章・日常保養……131

## 第八章・慢性病的調養……189

# 第九章・總結

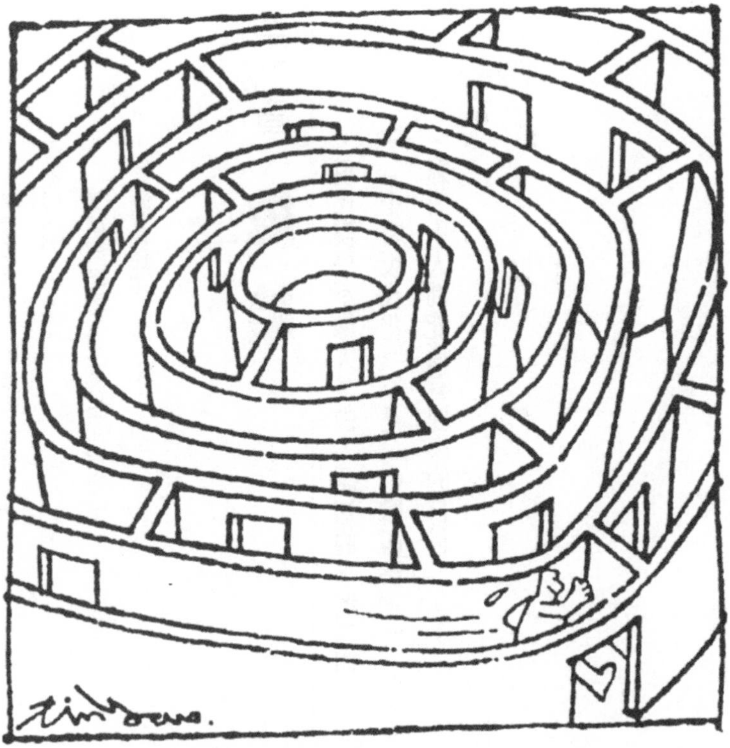

那麼多的名醫和秘方，需要足夠的智慧，
才找得到生門。

（漫畫／鄭辛遙）

第一章

# 對現代醫學的質疑

- 三個現代醫學的現象
- 電腦科技的啓示
  - ▼人體的電壓是什麼？
  - ▼人體一定比電腦完美
- 關於血液檢查的兩個質疑
  - ▼紅血球數量正常就不貧血嗎？
  - ▼如何判斷人體的臟器機能轉好還是轉壞？

## 三個現代醫學的現象

‧現象一：自從一九六〇年代，沙賓疫苗克服了小兒痲痺症之後，近四十年來沒有再聽到哪個疾病又被克服的好消息。

‧現象二：除了外傷性疾病和傳染病以外的各種慢性病，例如高血壓、糖尿病、尿毒症、紅斑性狼瘡以及各式各樣的癌症，多數只能控制不能痊癒。

‧現象三：多年來不斷有醫學新科技進展的發表，每一屆的諾貝爾醫學獎也從未缺席，但是所有最新醫學科技的進展，永遠都預告著明天或將來的某一天，人類有機會解決某一個慢性病，從來沒有今天已經解決了哪一個慢性病的消息。**幾十年來那麼多不能治的慢性病，一個也沒解決**。

面對這三個現象，說明現代醫學似乎原地打轉了幾十年，對慢性病一籌莫展，它的問題必定不是有沒有找到新藥這麼簡單，很可能是現代醫學的基本思考邏輯，或在最根本的發展方向上出了問題。

# 電腦科技的啓示

## ・人體的電壓是什麼？

電腦科技是這個世紀多數人都能了解的，從系統結構來看，人和電腦有許多基本的架構是非常類似的。因此，我經常用一個大家都熟悉的個人電腦例子來說明人體疾病的原因。

現代個人電腦的電源供給器，都使用電子式的，打開操作手冊中的規格，可以看到電壓允許有上下百分之三十五的浮動。因此，一部額定電壓爲一百一十伏特的計算機，當外界電源的電壓下降到七十伏特時，是允許額度中的下限，理論上個人電腦還可以正常運行（當然品質太差的除外）。當電壓下降到六十伏特時，超過了下限，系統可能會出現問題，假設這時問題出在磁碟機。電壓太低的問題不用儀器測量是看不出來的，使用者只看到磁碟機出現了故

障。這時工程師應該處理那個部份？是電源還是磁碟機？答案非常清楚。

在電子工程師眼裡這是一個很簡單的笨問題，一個受過基本訓練的電子工程師，修理個人電腦的第一個步驟就是量量電源電壓，很快的就會發現是電壓的問題。等電壓調到正常範圍以後，再看看磁碟機是不是還有問題。多數情形磁碟機始終是好的，只要電壓正常了，問題也就解決了。

如果相同的情形發生在人體上，就不再是一個笨問題了。磁碟機就像是人體的一個器官，在這個例子我們假設是腎臟。用前面電子工程師修理個人電腦的邏輯來思考，問題就大了。第一個問題是，「人體的電壓」是什麼？沒有電壓可以量，就沒有證據說明是能量水平有問題，而各種證據又顯示磁碟機（腎臟）壞了，當然是修磁碟機了，也就是修理腎臟。於是用上了各種治療腎臟病的藥，甚至還把腎臟廢了再加個新的都無濟於事，很可能多數被廢掉的腎臟根本就是好的。

由於至今醫學上沒有任何一個指標是用來測量人體能量水平的，從這個角度來說，現代醫學和電子學相比，還在尚未發現電壓的年代，沒有發現電壓，

當然電子學也就無從存在，更談不上發展了。

一切講究證據是西方醫學最重要的原則之一，在這個例子裡，由於人類至今還沒有能力提出證據來證明人體的能量不夠，現代醫學的原則是：不能用還沒有經過證實的觀念來診斷和治病。由於這個例子，有明顯的證據顯示腎臟的異常，在這種情形下，所有的醫生都會認爲是腎臟的疾病。

然而，醫生花主要的精力治療腎臟，很可能就像前一個例子中，電子工程師不調整電源電壓而修磁碟機一樣的缺乏專業常識。可是在今天以「頭痛醫頭；腳痛醫腳」爲邏輯的醫學世界裡，這樣的思考邏輯，卻像眞理一樣的被大家所奉行。尿毒症之所以成爲不治之症，就理所當然了。

## ・人體一定比電腦完美

現代的個人電腦，具有自我診斷和部份自我修復的功能。上帝設計的人體必定有更好的功能，套一句佛家的話語：「這個創造所賦予的寶貴肉身，原本就萬法具足。」身體原本就配備著更精密的功能，例如自我治療甚至組織再生

的功能。

就像電腦的各種強大功能，都對電腦的配備有一定的要求一樣，人體的各種機能，對人體的能量也有一定的要求。當能量下降到一定的水平時，組織的調節、再生能力就會大打折扣；再下降到某一水平時，自我治療能力就失去功能；再下降則廢物的排除能力、免疫和組織再生能力，都會逐一失去功效。人類科技不斷的進步，生活習慣也隨之不斷的改變。這些改變大多對人體造成直接或間接，深或淺的影響。

例如，睡眠習慣的改變，很可能使我們佔用了身體造血或自我治療的調理時間。加上長期以來，我們用一知半解的醫術來對抗疾病，許多治療的手段對身體產生了不良的影響，使得人體的吸收能力受到很大的阻礙。這些問題都會造成人體能量的下降，而使人體逐漸失去各種功能，造成各種各樣的疾病。

就像現代個人電腦即插即用（Plug & Play）的簡單特性一樣，如果依照使用手冊使用個人電腦，電腦應該不太容易出現故障。同樣的，人體具備了許多的功能，如果能依照人體所設定配備的條件來使用人體，讓人體原先具備的

各種能力都能發揮，就能確保人體隨時都擁有足夠的能量，許多疾病就不會發生。就算生病了，人體的自我修復功能，也會像個人電腦的磁碟機自動修復程式一樣，有能力自行修復大多數的損傷。

我們相信人體必定比他自己設計出來的個人電腦更完美，保持健康應該就像使用個人電腦一樣簡單，只要依照操作說明書，不要隨便施以干擾，正確的使用就行了。這本《人體使用手冊》，希望能幫助大家更早的學會如何正確的使用身體。

靈丹妙藥就在身體裡，
卻在外面找，不停地找。

（漫畫／鄭辛遙）

# 關於血液檢查的兩個質疑

## ・紅血球數量正常就不貧血嗎？

每個人都有過驗血的經驗，通常是從人體抽取一定數量的鮮血，裝入一個小試管，將這些血液送到檢驗室進行各種化驗。最常做的就是計算血液中的紅血球、白血球和血小板的數量。如果紅血球太少，醫生就判定你貧血；白血球太多，就判定你大概在發炎，再多些就判定你是白血病。

表面上看起來這很科學，這種檢查也沿襲多年，好像都沒有問題。可是，仔細想想問題可還不小。就拿貧血的判定來說，當紅血球的數量不夠時，醫生就判定你貧血，如果少到危害生命時，就會用輸血的方法來進行急救。所謂貧血就是說你的總血量太少，可是從幾西西血液的測量就能得出一個人的總血量不足，這種測量真的可靠嗎？

這種測量方法，是在一定容積的血液中測量出其中各種成份的比例，用化學的名詞來說，就是各種成份在血液中的濃度。這是一種定性的測量，可是卻得出一個總量的結果，記得在初中學過的化學課程裡，這是非常不合邏輯的。

這種測量方法，就好比在統計一個廣場中的人數時，找出其中的一百個人，計算出其中有六十個男人和四十個女人，從這個結果無論如何都無法得出廣場中有一萬人的結論。「六十個男人和四十個女人」和「血液中各種成份的濃度」都是一種比例的特性，最後的結果卻是「一萬人」和「貧血」的數量結果，這種邏輯是不通的。

血液中的「紅血球總量」是「紅血球濃度」乘上「血液總體積」的結果，如果直接用「紅血球濃度」來代表「紅血球總量」，那麼就是假設「血液總體積」是一個固定不變的常數。也就是說這種測量的方法建立在假設「人體的血液總體積是固定不變」的基礎上，可是從任何醫學文獻中並沒有可以證明「人體的血液總體積是一個固定常數」的證據。一向講究證據的西方醫學，有時候並不是那麼堅持自己的原則，在這件事上就忘了該講究的證據。相反的，人體

的血管和所有臟器的體積都是由很大變化彈性的物質所構成，從常識判斷，人體的血液總體積應該是一個經常變化的數字。

血液中有很大一部份是血清，血清中最主要的成分是水，因此，當驗出紅血球數太低時，也可以解釋爲血清太多。紅血球數太高時，很可能這個人的血清太少，也就是身體的水太少、人太乾了，現在的檢驗方法並不能用來判斷他的「紅血球總量」是多了，還是少了。

這種檢查在普通人身上並沒有太大的影響，反正又不會危害生命。可是在急診室裡，這種檢查卻經常決定了患者的生和死。因爲，這個指標是用來決定患者是不是需要輸血的重要數據。很可能許多患者只是因爲身體的水份吸收能力太差，結果造成血清很少，即使血液總量很低，驗血時的紅血球數量仍然很高，於是得不到應有的輸血急救，因而失去了生命。

驗血是各種檢查中最基本的手段，如果這個部份有這麼大的謬誤，其他的檢查又怎麼靠得住呢？

## ‧如何判斷人體的臟器機能轉好還是轉壞？

在我們的生活中，淨水是從自來水管中來的，廢水是從水溝裡走的，分得清清楚楚，人們對於進來的淨水都非常注意，用各種方法來改善其品質，對於廢水則任其流逝。

人體的血液循環系統和我們的生活用水系統最大的差異就在於「循環」兩個字，所有的血液都周而復始的反覆使用，也就是說人體排出的污染血液和進來的乾淨血液來源是混在一起的。人體動脈出來的血液是經過清理後的乾淨血液，靜脈則是用過的污染血液。用過的血液必需經過肝臟、腎臟的排毒和清洗，再經肺部將二氧化碳等廢氣排出，就成爲乾淨的血液。

當人體的血液出現了廢物增多的情形時，往往有兩種可能，一種是人體臟器機能減退，排毒能力不足，留下來的廢物就增加了；另一種可能是人體臟器的機能提高，使得臟器從身體內部清理出來的廢物也跟著增加，就像家裡大掃除時，垃圾量會大增一樣。

這也有點像家中的水系統，當水管有水垢時，由於大部份水垢穩定的附著在管壁上，只有很少部份在水中流動，因此流出來的水仍然非常乾淨，但是當清理水管時，將管壁上的水垢打下來，這時水就非常混濁了。

人體也有類似的情形，當人體長年勞碌時，體力不斷下降，臟器機能也不斷減退，這時有許多人體應排出去的廢物沒有能力排出，多數會在體內各處堆積，只有少部份在血液中流動，這時驗血的結果多數還算正常。當有機會休息時，人體血氣能力增加，臟器的機能跟著上升，這時會將這些堆積的廢物清理出來，經由血液進入肝或腎排出體外。在這個時候，這些廢物必定會在血液中輸送，驗血時就會出現不正常的數據，也就是現代醫學中所謂「生病跡象」的證據。

因此，當體檢數據出現問題時，可以確定這個人的身體狀況是不好，但是卻不能認定他的身體是在往壞的方向或好的方向發展。也就是說，這種問題的出現，可能是壞事，也可能是好事，不能就以這些檢驗數據做爲最終的判斷。

現代醫學中，慢性病的治療目標是追求將患者的所有檢驗指標都恢復到

「正常的範圍」裡，這些治療手段對於臟器機能上升導致各項檢驗指標出現問題的患者而言，很可能就中斷了身體好轉的趨勢，阻止了臟器機能的上升，反而造成身體更直接、更具體的傷害。

❀ ❀ ❀

從這兩個驗血的問題，可以得到一個簡單的結論：今日各種慢性病之所以無法根治，依據這些有問題的檢查方法得出的數據，所擬定的治療手段，是其最根本的原因之一。

人體是一個非常複雜的生化機體，所謂「生化」的另一層意義，就是人體是一個有生命的化學工廠，會隨時因應內外在的各種因素自動調整其化學程序。因此，解讀測量出來的數據，不但必須了解人體機能狀態的好壞，更需要了解人體當時正在進行那些應變措施，人體處於不同的應變措施狀態時，其檢查的數據應當有不同的解讀。

早期人類科技能力不足時所訂定下來的檢查方法，有必要重新全盤檢討，否則現代醫學恐怕永遠無法走出目前的困境。

簡單的事情考慮得很複雜，可發現新的領域；
複雜的現象看得很簡單，可發現新定律。

（漫畫／鄭辛遙）

第二章

# 人體的系統

· 人體的功能系統
  ▼指揮系統
  ▼能量供給系統
  ▼資源管理系統
  ▼診斷維修系統
  ▼廢物清理系統
  ▼周邊功能系統
· 網路系統
  ▼經絡系統
  ▼血管系統
  ▼神經系統
  ▼淋巴系統
· 什麼是經絡？
· 人體的硬體結構
· 人體的修復能力

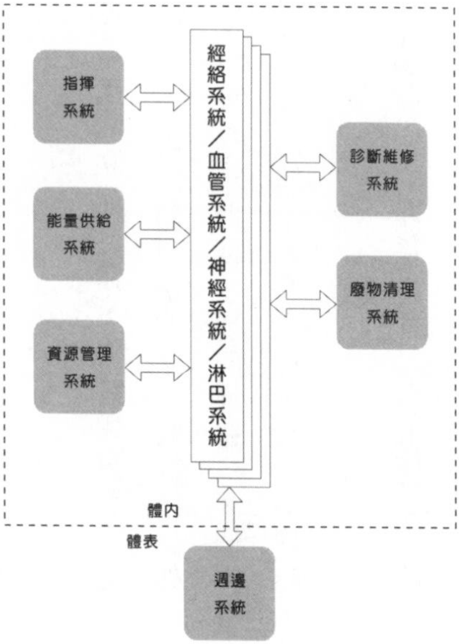

# 人體的系統

中醫和西醫對人體系統的描述有很大的差異，西醫將人體依個別系統表象的功能分爲各個器官，並將一些相關的器官組成系統，例如循環系統、消化系統、呼吸系統、運動系統、內分泌系統、生殖系統、免疫系統等七大系統。在各個系統之間並沒有太大的相關性，各個臟器之間也沒有太多的連繫，好像每個臟器或系統都是獨立的。

中醫就完全不同了，是依人體整體系統的功能分類，大分類只有五臟六腑，每一個臟腑都有一條相關的經絡。除了五臟六腑對應的十一條經絡之外，另外還有心包經、任脈和督脈三條經絡，一共是十四條主要的經絡。各個經絡還有分支，稱之爲經別，幾乎遍及全身。每條經絡上都有穴位，針灸治療時，主要是刺激經絡上的穴位。

除了個別臟腑和其相應經絡之間存在著緊密的關係之外，各個臟腑之間也

存在著非常密切的相生相剋關係，中醫將之歸納出五行理論。五行理論不但說明臟腑之間的關係，同時也將各個臟腑和氣候變化之間的關係解釋得非常透徹合理。

比較中、西醫對人體系統的描述，可以看出，西醫是從近代的解剖學爲基礎，以眼睛所見的硬體結構來建立系統，各個系統都是獨立的，系統之間並沒有太多的關係。中醫則是累積了數千年人類經驗所形成的智慧，以整個人體的軟硬體結構建立一個比較合理而且愼密的邏輯和結構，因此能夠延用數千年。

中醫的觀點中，人體是一體的，五臟六腑之間互相有非常緊密的關係，而且是經常保持平衡的。除了解剖學所提到的硬體之外，中醫更有許多概念性或功能性的系統。例如能量系統、資源管理系統等。這些系統在過去科技不發達，沒有儀器量測的年代，由於缺乏數字概念，醫書中只能用各種特殊的文字來描述這些系統。如能量系統就用陰、陽、虛、實、血氣和火來描述；資源管理系統則用相生相剋、平衡及其他的方式來描述。由於這些描述和現代科學精確的數據化用語有很大的差異，使得整個中醫看起來成爲難以理解的玄學。

從現代工程學來看，以人體這樣一個獨立運行的系統而言，利用解剖學所建立的現代醫學人體系統有很多缺陷，少了許多東西。例如，能量系統是所有獨立系統中不可或缺的部份。就像個人電腦中的電源供給系統，汽車上的油路系統和電路系統都是系統中的能量系統，是非常重要的部份，唯獨在醫學所描述的人體系統中就沒有這個部份。

在中醫的系統中，還有一個非常重要的部份，就是人體的經絡系統，這個部份多年來在解剖學上一直都不能被證實，直到一九九八年中國大陸的一個科研小組經過八年的努力，總算在解剖中找到經絡確實存在的證據，發現整個經絡系統中最重要的物質是一種生物液晶的材質，同時對某些特定波長的遠紅外線具有近似光纖維的物理特性，這些新的發現配合二十世紀末全球電腦網路的發展，很容易讓人聯想到人體是否也是由一個網路系統所構成的世界？這些經絡物質和電子通信網路中的物質特性如此接近，更增添了這種可能性。

從生物的進化過程中，早期的低等動物並沒有大腦，經絡系統是這些動物體內主要調節各個臟器的機構。以現代電腦術語來說，這些經絡系統本身具備

有通訊的功能，一個機體很可能不只一個電腦，也就是說動物的機體很可能不是只有單一的腦子，而是由很多個不同功能的腦子構成的一個網路系統組成的。這個觀點和現代醫學認爲大腦是人體諸多機能的主宰有很大差別。

人體是具有很高智慧的機體，並且有許多不同的能力，利用現代工程和管理的知識結合對古老中國傳統醫學的概念，可以仿照電腦的結構，畫出另一種**人體的結構方塊圖（圖一，見下頁）**。

這個方塊圖將人體分爲五個功能方塊和四個網路系統，分別詳述於後。利用這種人體結構的思考邏輯，可以對多數慢性病理論重新進行界定，發展出新的病理邏輯。再依據這個新的病理邏輯，擬定完全不一樣的治療方案，有機會對慢性病的治療開創出一條新的途徑。

圖一：人體的結構方塊圖

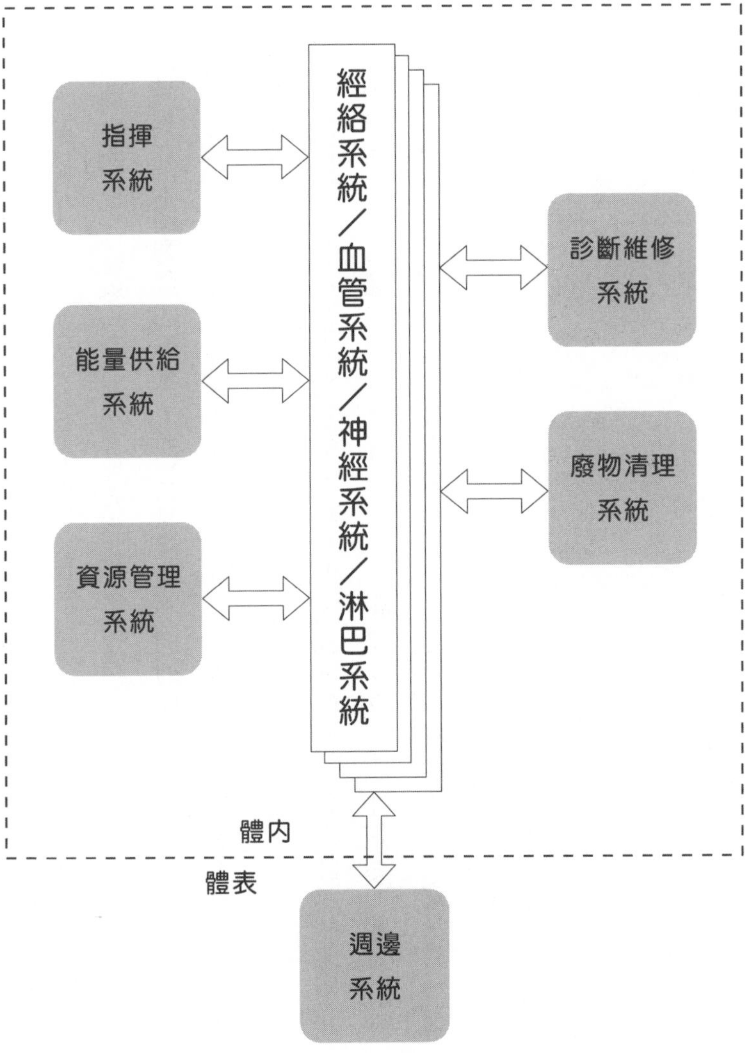
經絡系統／血管系統／神經系統／淋巴系統
指揮系統
能量供給系統
資源管理系統
診斷維修系統
廢物清理系統
體內
體表
週邊系統

# 人體的功能系統

·指揮系統

主要由大腦構成，擔負思考及指揮身體的機能，但是各個臟器的運行，並不是由這個系統所指揮。指揮系統是利用神經系統將人體各部位的狀況傳達到大腦，並將大腦的指令直接傳達到人體的各個部位，讓人體能夠對各種外來的刺激做出迅速的反應。

許多低等生物並沒有大腦，這些生物沒有逃亡和攻擊的能力，只能無意識的活動，多數的行動均很緩慢。但是這些生物都有和人體五臟六腑類似的臟器功能，能夠呼吸、吸收營養、排泄廢物等。這說明了大腦可能是生物進化過程中，為了適應外界環境，能夠快速運動時，才產生的臟器。

在人體的網路結構中，大腦更像是一個企業電腦網路中總經理（CEO）的終端機，各個臟器則更像是網路中不同功能的伺服器（Server）。

也就是人體的大腦更像一個人體系統的使用者，人體的系統維護則另有負責的機構。

・能量供給系統

任何一個獨立的系統必定存在著一個能量供給的子系統。例如，電腦的電源供給器和汽車的油箱和油路系統，人體也必定存在著類似機能的系統。

不過人體的能量供給系統並不像電腦和汽車一樣具備明顯而獨立的硬體。電能和汽油都是很容易使用的能源，但是人體所吃進去的食物種類非常多，也不是可以立即當成能源使用的物質形態。因此，當這些材料進入人體之後，必需經過非常複雜的處理手段，才能轉變成類似電能和汽油般容易利用的能源，再送到身體的各個部位使用。簡單的說人體實際上自備了一個能源材料製造中心和一個發電廠。因此，人體的能量供給系統也就遠較汽車和電腦複雜得多。

人體的能量供給系統是由消化系統將食物轉化成人體可以運用的材料，再於適當的時辰，人體進入熟睡狀態時，將這些材料轉化成人體可以方便利用的

血液。因此，人體的能量供給系統至少包括了消化系統加上造血系統和心血管系統，眾多的硬體系統才能構成能量供給系統。

就像汽車沒有油或油路不順，電腦沒有電或電壓不足，都會使系統造成嚴重的運行障礙，甚至完全癱瘓一樣。人體的能量不足也必定會對人體造成很大的傷害，很可能是各種慢性病最主要的原因，更可能是造成多數人死亡的眞正原因。

因此，徹底明白這個系統，並找出適當的檢測手段，使人體的能量水平能像電腦的電壓及汽車油箱中的油量一樣，可以隨時測量，才能對人體疾病進行正確的診斷，也才能找到疾病眞正的原因。同時也要發展出一套可以很簡單就提升人體能量的方法，才能有效克服疾病。

・資源管理系統

「透支體力」是我們的日常用語，許多人都有持續長時間休息不足的「透支體力」經驗。長期透支體力的人中，有些人感覺體力愈來愈好，也有些人明

顯感覺體力愈來愈差，但仍然都能維持身體的正常運轉，並沒有立即出現嚴重疾病的症狀。

顯然人體內部有一個和電腦軟體類似形態的資源管理系統，我們目前仍然不知道它的硬體是人體的那一個部份。但是它隨時都用最有效的方法調度人體的資源，當正常的資源不足時，會將身體其他形式儲存的資源轉化爲立即可用的資源，提供人體「透支體力」時的能量來源。

這個系統擁有高度的智慧。當人體長期「透支體力」時，可以在儘量不影響人體運行的前提下，從身體各個部位調動資源供人體透支所需，直到所有資源全部用光爲止。通常這種「透支體力」的行爲可以維持數十年，而人體仍然能正常運行。

當人體在調用儲存的能源時，必定會在體內進行特殊的化學程序，將人體的能量進行轉換。因此，這時人體的各種檢查指標，如血液中蛋白及血醣的含量都會產生變化。

也就是說當人體不斷的透支體力時，身體會不斷的調整其化學工廠中的各

種生產流程，來應付逐漸惡化的環境。許多慢性病所檢驗出來不正常的化學指標，很可能代表著身體在不同應變措施下的狀態。只有徹底明白人體透支體力時採用的各種不同能源調度方法，才能正確解讀身體檢查時所測出來不正常指標的眞正意義。

古時候中醫診斷所用的陰、陽、虛、實等名詞，用在描述人體的整體狀態時，就是對人體這種能源調度的描述。例如「陰」代表儲存的能源，「陽」代表日常生產的血氣能量，「陽虛」就代表日常生產的能源不足，也就是中醫所說的血氣不足，「陰虛」則說明儲存的能源正在透支。

另外，「血氣」代表日常產生的能源，透支的能源則稱之爲「火」。「陰虛火重」則說明人體正在大量透支儲存的能源，「陰陽兩虛」則說明日常能源生產不足，而儲存的能源也快用完了，也就是「血氣」不足而「火」也快用盡了，身體必需想辦法使用第三種特殊的能源，來供應透支所需的能量。「氣血枯竭」就是「血氣」和「火」全部消耗殆盡。用這樣的方法來解讀中醫的術語，就非常具體，也不再有任何「玄」的感覺了。

所謂能源的調度，就像公司裡的財務調度一樣，當財務好時，公司的門面和內部裝潢都會隨時維持在最佳的狀態，各項業務機能也都運行良好。但是當財務發生問題時，必定會緊縮財務的支出，選擇不重要的部門，逐一減少資金的消耗。財務進一步惡化，則必需開始變賣公司的資產。

人體也一樣，當血氣不足時，就會選擇比較不重要的機能，逐一減少資源的供應，這時人體就會出現許多變化。例如，當廢物清除系統的能量供應被削減時，人體的外表會愈來愈黑，皮下的垃圾也會愈來愈多，有些人表面上的斑點逐漸增加，還有些人會愈來愈胖，這和公司的門面愈來愈舊是一樣的。

削減脾臟的供血時，人體的診斷維修系統就暫時減少工作，只對嚴重疾病做出反應，對較輕微的疾病不再做出反應。許多大量透支體力的人，忙碌的時候長期不生病，一停下來休息就生病。就是休息使血氣上升了以後，脾臟的供血增加，就有能力生病了。中國人有一句俗語「小病不斷，大病不患；從來不生病，一病就要命」，就是這個道理。

削減肝臟的供血，就會造成血液清洗的頻率減少，血液愈來愈髒，體檢時

的各種指數也愈來愈差。牙齦和嘴唇的顏色就慢慢的變黑了，肝裡的血慢慢的減少，肝也就慢慢的硬化了。

削減腎臟的供血，送進腎臟過濾的血液減少了，小便的顏色就慢慢的愈來愈清淡，最終完全像水一樣，就變成尿毒症。多數尿毒症的病人，腎臟可能根本就沒有問題，只不過血液總量太少，沒有足夠的血液分配給腎臟使用而已。

削減肺臟的供血，使人體臟器的供水系統發生障礙，臉色就愈來愈黑，而且愈來愈乾而灰，人也愈來愈瘦。

當身體不再有可以削減的供血時，只好開始把肌肉組織改變爲能量，供人體使用，這時就出現糖尿病。這種病人一段時間之後最明顯的症狀就是肌肉都流失了，這就和公司變賣資產換取流動資金一樣。

由於現代人改變了傳統的生活習慣以及不當的疾病處理方式，使得人體的能量供應系統出現了問題，人體長期處於透支體力狀態之下，能量日漸減少，資源管理系統不斷的應變，就產生了現代人各種可怕的慢性病。

例如，甲狀腺亢進是中醫所說「陰虛火重」的典型症狀，也就是長期大量

透支體力的結果；糖尿病則是中醫所說「陰陽兩虛」時的症狀，也就是人體的血氣和火都已經快用光了，人體開始將肌肉轉化爲醣份，代替不足的蛋白做爲代用能源。幾乎所有慢性病都可以從資源管理系統的觀點找到新的病理，進而發展出有效的治療或調養方法。

好的中醫師可以從這些能源調度的現象對患者的血氣能量水平做出正確的判斷，對於人體能量狀態的觀察和描述是中醫診斷中第一個也是最重要的手段和過程。雖然傳統的中醫書上沒有提過這個「資源管理系統」，但是在實際的中醫概念中，這是人體最重要的一個系統。

當人體經過調養後，血氣會逐漸上升，原來減少供血的臟器會慢慢增加供血，這時人體反而會出現許多疾病的症狀。

例如，新增的血液重新進入久已缺血的肌肉組織，會使人產生全身痠痛的感覺；新增的血液進入肺臟驅趕長期駐留在肺中的寒氣時，就會產生感冒的症狀；新增的血液進入肝臟進行清理工作時，就會出現肝熱和小便發黃等和肝病類似的症狀，血液中的血脂和各種垃圾也會由於肝臟開始進行大掃除而大幅度

提高；新增的血液進入腎臟就會出現小便混濁並且產生蛋白尿的症狀⋯等等。

這些疾病的症狀和人體能力不足時所發生的症狀非常類似，不是很高明的中醫師是很難分辨出來的，西醫則將之全部視為疾病。由於這些疾病的症狀是人體進行大掃除的產物，因此，正確的治療應該是幫助人體加快其過程。但是今天西方醫學認為這些症狀是人體發生故障所致，因此治療手段的出發點多數都是糾正人體的錯誤，結果多數的治療手段都是直接中斷人體的大掃除動作，回到原來血氣下降的趨勢，人體沒有多餘的能量進行大掃除，這些症狀也就迅速消失，各種檢查數據回到了正常範圍，就算痊癒了。

這種只治結果，不論原因的治療方法，就像受了潮的牆，不去把漏水的地方解決，只在外面塗上新漆，看起來很好就算修好了一樣，是「粉飾太平」的治療方法，不但對人體沒有一點好處，反而經常對人體造成更大的傷害。

・診斷維修系統

多數人都曾經在手腳上受過傷，受傷時醫生所能做的就是用各種紅藥水、

消毒水、消炎粉塗抹傷口，甚至打破傷風預防針等手段。這些手段都不過是為了防止傷口細菌感染而已。所有傷口修復、組織再生的工作全部都是身體自己做的。在體表上的傷口如此，體內的臟器也必然如此。

這些人體所做的工作，在我們眼裡看來好像是天經地義，毫不為奇，深入想想這實在是一件非常複雜的工作。

首先人體必需診斷損傷的位置以及嚴重程度，再採取正確的措施，讓壞死的組織慢慢結成硬痂，覆蓋在傷口上，達到保護傷口的作用，接著在痂下方再生出新的組織，所有組織必需和原有周邊的組織完全密合。

整個過程極為複雜，會消耗大量的血氣能量，整個維修工作的進行，顯現了極高的智慧和完美的工藝。

當人體血氣能量處於正常狀態時，這些維修工作都會正常進行著，但是當血氣能力不足時，則身體會視自身資源的能力，選擇性的執行部份維修工作，對於不會立即危害人體的損傷，甚至將之擱置暫時不執行維修的工作。

中醫最大的特色，在於非常注重人體的自我修復能力，並且主要的治療手

段都在透過提升人體的能量，或排除人體維修系統無法正常運行的障礙，來提高人體的維修能力。

就像體表傷口的修復一樣，在傷口修復的過程中，傷口會出現紅腫、化膿、結痂等現象，體內的臟器修復時，也會出現許多症狀，如腹痛、咳嗽、多痰、疲倦感……等等各種各樣的症狀。

中醫和西醫的區別，在於中醫面對這些症狀時，首先認爲身體是具有極高智慧的機體，不太容易出錯，這些不正常現象的出現必定有它的道理，通常會認定是某一個臟器的能力不足，或者身體正在進行著某種維修工作。因此，治療的方法並不是糾正人體的錯誤、中止這些症狀，而是協助人體完成它該完成的工作。

西醫則認爲這些症狀的出現，必定是身體出錯了，而且直觀的認爲就是出現症狀的部位故障了，治療的方法就是中止這些症狀。

### ・廢物清理系統

人體每一個部位，甚至每一個細胞，都不斷的進行新陳代謝，會不停的排出廢物，人體的經絡系統則不斷的進行廢物的運輸。當臟器的能力減低，或人體的能量供應系統發生問題時，造成臟器和其相應的經絡之間的互相影響。出了問題的臟器，造成其相應的經絡堵塞，堵塞的經絡又進一步惡化臟器的疾病，形成惡性循環。

在每一個人年輕時，血氣能力旺盛，身體的廢物清理系統正常運行，多數人臉上沒有多餘的斑點、贅肉和縐紋。隨著年齡的增長，血氣能量日漸衰弱，臉上及身體的贅肉愈來愈多，皮膚上的斑點也愈來愈多。

中醫有許多治療經絡的手段是在借助外力協助人體進行垃圾的清理，例如穴位按摩和針灸治療等，都有這種效果。只要身體上的垃圾能夠及時清理，就能使身上的贅肉、斑點和縐紋減到最少，加上充足的血氣，就可以長保年輕和健康。

從硬體上看，人體的廢物清理系統所涉及的器官很多，例如肝和腎所從事

的血液過濾工作、肺臟的廢氣排放、大腸的排泄、皮膚的排汗、排熱和排毒等，都屬於人體廢物清理工作的一部份。除了這些之外，心臟、脾臟和經絡、血管則擔負了廢物運輸的工作，幾乎大多數的臟器都參與了這件工作。

### ・周邊功能系統

即四肢五官、皮膚、生殖器官等和外界接觸的部位。從中醫的觀點，四肢五官是各種症狀顯現的部位，所有疾病都應歸之於五臟六腑，正如電腦周邊的輸出入介面裝置發生問題時，通常都是主機內部出了問題一樣。

多數疾病出現的症狀都是從這些周邊功能系統開始，其實這些症狀的原因多數在內臟中，外表的症狀只是疾病的結果，許多醫生都把注意力集中在症狀的消除。不把原因找到，就算一時消除了症狀，過一段時間，還是會復發的。

# 網路系統

人體的機能遠比電腦複雜得多，其網路所需傳遞的不單只有資訊，還要擔負能量、資源補給和輸送、廢物輸送、防衛資訊等。因此，在這個系統方塊圖中，將之分成幾個不同的網路系統。

## ・經絡系統

經絡系統是中醫數千年前就發現的人體網路系統，但是長期以來從解剖學中一直找不到經絡存在的證據，直到一九九八年中國大陸的一個科研小組經過多年的努力，才在物理實驗室中找到經絡存在的證據。

這個小組發現經絡本身具有光纖維的物理特性，同時也發現經絡附近的毛細血管呈現平行的狀態，經現代流體力學的模型分析，發現其中存在沿著經絡方向運行的體液流場。這就能夠對中醫所說的藥物循著經絡方向流動的現象做出合理的科學解釋。也就是人體經絡系統不但具有傳遞訊息的機能，更有運送

物質的能力。

經絡系統不像人體其他的幾個網路，擁有特定的管線結構，而是一個遍佈全身由多種不同物質所構成的綿密網路。

這個網路系統的存在才剛被證實，在接下來的這個世紀，隨著研究工作的繼續發展，相信會發現這個網路的更多機能。下一節會單獨就這系統做更詳細的介紹。

接下來的幾個系統是傳統現代醫學概念中經常提到的，因此只稍做簡單的說明。

・血管系統

這是人體能量供應系統和廢物清理系統輸送的通道。

・神經系統

這是大腦和人體各個臟器之間溝通的系統。大腦透過這個系統，收集外界的各種資訊，也透過這個系統指揮人體做各種工作。

・淋巴系統

這是一個人體的防衛網路系統，負責偵測各種疾病的入侵，也負責指揮白血球到每一個需要的部位。

用這個方式重新定義的人體系統，包含了硬體、軟體和網路的結構，比較合理的說明了人體是一個完全獨立的系統，同時也更能說明各種慢性病成病的原因。

# 什麼是經絡？

「經絡」是中醫用了幾千年的名詞，中國人數千年前就發現某些人生病時身體會出現紅色發燙的線條，按摩那些線條可以治療疾病。那種人一般稱之爲經絡人，只有很少人有這種情形。因此，可以說經絡學說是從治療經驗中發展出來的，是中醫最重要的一部份。

我國漢朝時曾經處決一個名爲王孫慶的叛黨頭目，將其進行活體解剖，然後將細竹片放入血脈中，觀察其流動。結果發現人體的血脈（血管）和醫典中的經絡不相吻合，無法合理的解釋經絡系統的存在。這次的活體解剖，就經絡學來說是一次失敗的實驗。因此在中國的醫學領域中，從此就放棄解剖人體，解剖學在中國成爲驗屍官所必需了解的知識，而不是醫生所必需學習的功課。

後來西方的解剖學傳入中國，中國的醫生在解剖中找不到經絡，加上當時的中國國力薄弱，整個社會正進行全盤西化的改造，西方的所有科學都被中國

人認爲是先進的象徵，中國人的自信心完全喪失。對中醫的態度也一樣，特別是西醫對一些致命傳染病的明確療效，更讓人們對中醫失去了信心，甚至一度認爲中醫是一種沒有根據的玄學，在汪精衛主政的南京僞政權，還曾經考慮立法廢除中醫。

一九六〇年代，北韓有一個名爲金鳳漢的科學家，宣稱找到了經絡，並將之命名爲「鳳漢管」，這個發現轟動了全球醫學界，也引發了各國對經絡研究的興趣。日本隨即組織了大批的科學家進行經絡的研究，揚言在十五年內解開經絡之謎。當然視中醫爲祖先遺產的中國，也很緊張的組織大批的科學家到北韓去實地學習，並加緊研究，深怕這個祖先遺產的謎由其他國家先解開來。接下來的幾年，全球科學家不斷要求北韓公佈研究成果，北韓卻始終拿不出具體的證據，最終據說金鳳漢由於拿不出具體證據而跳樓自殺，這事就不了了之。

這個事件使得從事這項研究的科學家們非常尷尬，許多人放棄了研究，更有偏激的人根本否定了經絡的存在，經絡幾乎成爲迷信的一部份。一直到一九七〇年，美國總統尼克森訪問中國，中國政府在北京向美國代表團實體演示針

刺麻醉下的開心手術，那種血淋淋的神奇場面，使得參觀的美國專家們驚得目瞪口呆。但是此時的中國醫界，分成了兩派，一派人認爲沒有經絡只有穴位，否則不能解釋針刺麻醉的現象。另一派人還是堅持經絡的存在，但是提不出具體的證據，這些討論也就愈來愈低調。

一九九〇年代初期，中國政府高層認爲經絡是中國的文化遺產，必需投入資源加以研究，可是當時主導科學研究工作的多數專家都反對，只有復旦大學的費倫教授認爲經絡存在了幾千年，雖然我們至今沒有找到具體的證據，但是也有可能是我們過去使用的方法不對，或科技能力不足，今日科學進步了，也許有新的方法可以找到經絡的證據。因此，力排眾議，該項目以十三比一的投票比數差點被否決。由於反對的聲浪太大，因此，這項研究僅撥了很少的經費，由費倫教授成立專案進行研究。

由於費教授是一個精於分子物理學的化學家，不是一個醫生，因此對這項研究採取和過去完全不同的方法。首先放棄傳統上成立正式組織的方式，採用一種名爲「虛擬組織」的新式組織，專案中沒有全職的研究人員，完全視研究

需要機動的調集上海各種相關科學家及設備，花了近十年時間終於找到幾項經絡存在的具體證據。

這個研究首先認爲解剖學已經如此發達的今天，一定不會有任何未發現的線狀或管狀組織，因此，將尋找的目標放在經絡附近的組織分析，由於現代生物分子學進步，可以使用的工具和方法遠較二十年前進步得多，加上這個小組的成員不再以醫界專家爲主，而以化學家、物理學家、數學家等基本科學的專家爲主，從物質最基本的規律做起，因此成功的機會特別大。

在這個研究之前，天津有一個小組在經絡研究方面，曾經發現當針刺入穴位時，會使穴位周圍產生大量的鈣離子。那份報告並沒有說明這些鈣從那裡來，從常識判斷人體的鈣主要在骨頭中，但是骨頭裡的鈣不可能在針刺的瞬間釋放出來。因此，判斷在人體的穴位附近應該存在著可以隨時釋放鈣離子的鈣庫。找到這個鈣庫應該可以找到部份穴位的物質存在證據。

小組首先在活人身上對穴位進行三度空間定位，並在磁共振（ＭＲＩ）設備下觀察針刺時的實際落點。同時準備一條離體的人腿，同步進行解剖。中醫

的穴位依照不同的深度分為天、人、地三層，針灸時，到了每一層會有針感，患者感覺到酸、脹、麻，而施術的醫生則有粘針的感覺。因此，只有在活人身上才能定位，這個實驗瞄準的是腿上胃經的地層。經過穴位定位並同步在離體的人腿上進行解剖，發現小腿上的胃經所有穴位的地層均停針於腓骨和脛骨之間的骨間膜上，這是一種結締組織，以往對它的了解僅止於是人體組織之間的連結功能。

於是小組將該片骨間膜割下來，送到物理實驗室，用質子加速器進行分析，發現有七種元素「鈣（Ca）、磷（P）、鉀（K）、鐵（Fe）、鋅（Zn）、錳（Mn）、鉻（Cr）等」，在穴位和非穴位上的含量有四十~兩百倍之間的明顯差異，而一個穴位的直徑約五至八毫米，所有這些富集的眾多分子都只存在於骨間膜的表層，約一微米的厚度。這非常令人振奮的成果，是中國第一次發現經絡存在的最具體物質證據，從此沒人可以懷疑經絡和穴位是虛無飄渺的了。

接著小組繼續對這片骨間膜的結構進行分析，發現它是由三條膠原纖維構成纖維條，再由五條纖維條捲成一束，數量繁多的這種線束結成片狀，有點像

電腦中的排線結構。再對這種膠原纖維進行分子層次的分析，發現它是由數種不同蛋白質分子構成的一種生物液晶態（Bio-Liquid Crystal）的物質。

根據物理學的常識，晶體結構的物質對聲、光、電、熱、磁等物理能量都具有一些特殊的性質。參考上海交通大學過去對特異功能人士的實驗，知道氣功師所發出的「功」當中，有很大的成份是發射出特定波長（十五．五μm）的遠紅外光。因此，小組對結締組織的物理特性測試，首先就從遠紅外光的透光性做起。很快的又得到了令人振奮的結果，實驗證明膠原纖維在徑向對九～二十微米的遠紅外線具有近百分之一百的透光率，橫向方面則幾乎完全不透光，也就是說對於該頻率範圍而言，膠原纖維具有光纖維的物理特性。

接著再從國外醫學研究文獻中了解，人體的所有組織，甚至小到個別的單一細胞，都至少有兩根膠原纖維連結著，它很可能是人體內部的資訊高速公路。而人體各個臟器外部的保護膜，也是一片密密麻麻的光纖維。中醫經絡分為經脈和絡脈，其中經脈是主幹，在一般的中醫經絡圖中主要畫的就是經脈。絡脈是經脈的分支，幾乎遍佈全身和研究的結果相吻合。

這項研究的論文，一九九八年三月第一次發表在中國大陸的「科學通報」上，接著在二〇〇〇年應邀在世界衛生組織的「傳統醫學研討會」中發表，也在二〇〇一年「兩岸中醫藥研討會」中發表。雖然這些報告受到相當程度的重視，但是這項研究最終將造成的影響必定遠不止如此。

這項經絡物質證據，只是針對經絡天、人、地三個層級中的地層所做的一小部份研究，除了這項證據之外，經絡和穴位必定存在著其他的現象。上海復旦大學研究團隊中的丁光宏博士所帶領的小組，隨後又發現人體的毛細血管多數呈不規則狀，唯獨在穴位點附近的毛細血管呈規則的平行線狀，而且平行於經絡。經過流體力學的計算，發現只要在相鄰的穴位間有一定的壓力差，在人體的經絡中就會形成管線外毛細血管間的組織液流場。這有點像海洋中的洋流，沒有管子，但有水流。這也很像在《黃帝內經》中所描述的榮衛之氣的衛氣，榮氣是血管中的血液，這裡發現的管外流場，很可能就是衛氣。這項研究仍在繼續進行中，受限於目前設備的極限，仍很難在活體中直接觀察到這個現象，而在死體上血壓消失後經絡根本就不再活動，也就無從看到這個現象，需

要了解活體的細微變化，是經絡研究中最大的困難。

這些經絡附近的特異現象，可以說明人體的經絡不是一個古代中國人所發現的抽象系統。隨著科技的不斷進步，將逐漸出現更多經絡存在的證據。例如，在「天」和「人」兩層必定也有其他經絡存在的證據，還待科學家們繼續研究發現。

生物進化的過程，最早是從單細胞生物開始逐漸發展的，在早期簡單的生物中，許多生物並沒有大腦，卻具有結締組織（研究團隊最早發現的經絡組織），大腦是很高級的生物才具備的器官。從這個現象看來，主宰人體臟器運行的並不一定是大腦，更有可能是由經絡系統直接調節和控制的。

用現代的電腦術語來說，人體很可能不是單一電腦控制的系統，而是多個電腦加上一個高速的通訊網路所建構的，大腦應該是類似企業內部網路中總裁（CEO）的終端機。這也說明我們祖先對人體五臟六腑的定義中，包括了心、肝、脾、肺、腎（五臟），和小腸、膽、胃、大腸、膀胱、三焦（六腑），獨獨漏了「腦」的可能原因。

人體的五臟六腑更像是企業網路系統中的伺服器，而操控和維護伺服器運行的系統，則很可能是我們短時間還無法證實其存在的軟體系統。

現代醫學是建構在解剖學基礎上的，經絡系統在過去發展解剖學的年代中，限於科技能力而無法看到，直到上個世紀末人類的科技能力才剛發現部份經絡的證據。如果真如我們所推測的「經絡是人體內部的資訊高速公路」，那麼原來的解剖學很可能漏掉了人體最重要的部份。這就像觀察一棵樹沒看到樹幹只看到樹葉一樣；也像解剖電腦時，只看到部份的硬體就以爲那是電腦的全部，沒想到還有軟體的存在，更不知有網路這樣的怪物一樣。

今日中醫的沒落，很大的原因是現代中醫的教學，一進學校就先教了這種一知半解的解剖學，使得這些初學的準醫生們腦子裡就架了一個沒有經絡的人體結構，再開始教經絡和穴位，當然滿腦子充滿疑問，如何學得懂中醫呢？

隨著經絡物質證據的出現，在可預見的未來必定對整體醫學界造成很大的影響，原有的解剖學必需跟著調整，當然以解剖學爲基礎的整個現代醫學也必定會跟著發生變化。

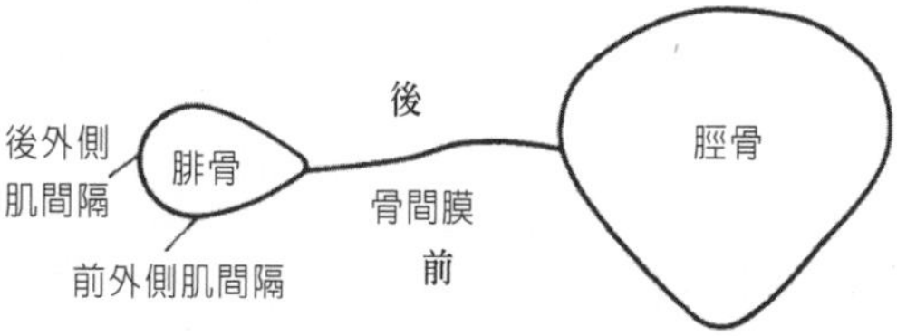


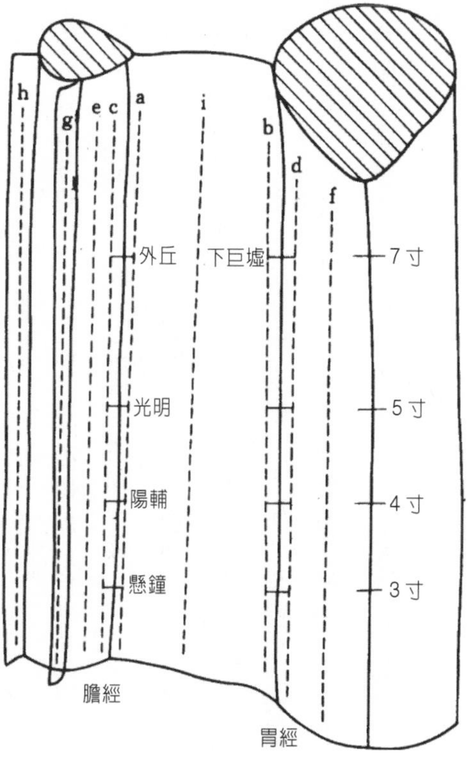


右圖是人體右小腿膽經、胃經穴位富集區的掃描示意，左頁上圖爲膽經，左頁下圖爲胃經的鈣分佈圖。圖中顯現穴位和非穴位的鈣元素含量有非常大的差異。（取材自中國大陸科學通報一九九八年三月號，費倫教授等作者的「經絡物質基礎及其功能性特徵的實驗探索和研究展望」一文）

膽經的鈣分佈圖

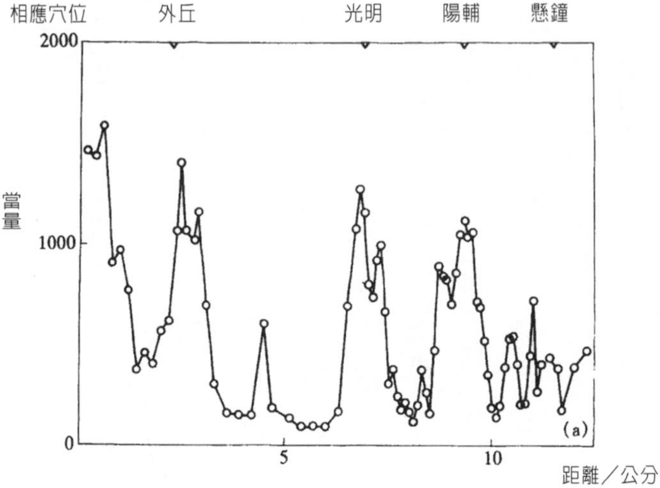


胃經的鈣分佈圖

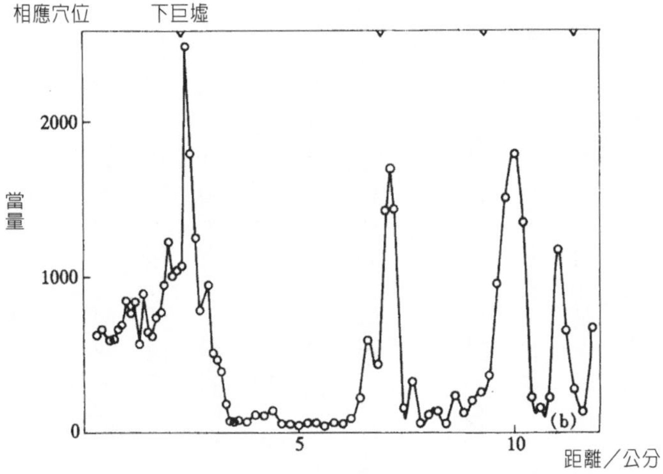

# 人體的硬體結構

在第一章我們從人體功能的觀點，繪製了一張人體系統的方塊圖，這個方塊圖的各個方塊所代表的是包含硬體、軟體和網路的功能，和我們傳統所知道的人體的硬體有很大的差別。這一章我們將從人體的硬體來說明人體的結構。

五臟六腑是中國人用了幾千年的一個名詞，就是指人體內的主要器官。「臟」是指實心有機構的臟器，有心、肝、脾、肺、腎五臟，「腑」是指空心的容器，有小腸、膽、胃、大腸、膀胱等分別和五個臟相對應的五個腑，另外將人體的胸腔和腹腔分爲上焦、中焦、下焦爲三焦，是第六個腑。

人體的十一個臟器各有一條相對應的經絡，加上心包經，也就是心臟和心臟外層的保護膜之間，稱之爲心包，其相應的經絡稱之爲心包經。再加上人體軀幹前側的任脈和後側的督脈，一共有十四條主要的經絡，其中彼此之間有錯綜複雜的關係。例如每個臟都相對應一個腑，心臟對應著小腸；肝臟對應著膽

囊；脾臟對應著胃；肺臟對應著大腸；腎臟對應著膀胱；三焦則對應著心包。

從經絡物質基礎的研究中，發現手上和腳上的經絡多數在骨間膜上，而臟的經絡和其相應腑的經絡通常都在同一片骨間膜的兩面，所以這兩個臟腑之間的變化會形成一致的病理現象。五臟對應著五腑，另外的三焦經則對應著心包經，也是在手臂的內外側之間對應著。這種現象中國的醫生在幾千年前就明白了，稱之為「臟腑互為表裡」。

而這種對應的現象，對不懂中醫的人而言，則是認為毫無根據的。例如，中醫認為寒氣會入大腸經，從西醫看來，受寒是肺的疾病，和大腸怎麼可能相關，一個是呼吸系統，一個是消化系統。兩者在解剖中根本就是不相通的兩個器官。從經絡來看，就會發現大腸經和肺經始終都是非常緊密相鄰的。

除了臟腑對應的關係之外，臟器之間還存在著相生相剋的密切關係，古人將之以五行理論整理後，再依各個臟器的特性予以對應到五行之中就得出了：心屬火、肝屬木、脾屬土、肺屬金、腎屬水。

在五行關係中，講究的是平衡，如果五臟中的任何一個臟器的能力較其他

臟器強或弱，就會破壞這種平衡。如心火太旺的症狀，有可能是心臟自己的原因引起的，例如夏天天氣熱，這個季節自然容易產生心火太旺的症狀，但是冬天腎氣不足時，水剋不住火，也會造成心火太旺的症狀；春天肝氣上升時，也會因爲木生火而造成心火跟著也旺的症狀。

這種臟腑之間的五行關係非常複雜，一個好的中醫師需要花費數年甚至數十年以上的經驗累積，才能完全掌握。掌握了這種五行變化的醫生，可以非常準確的判斷疾病根源，而有手到病除的功力。

例如，我們常見的腿部外側不明原因的發麻和疼痛，通常被西醫診斷爲骨刺壓迫神經造成的**坐骨神經痛**，仔細觀察疼痛的部位，其實痛的是膽經，是因爲身體寒氣重，經常引發肺熱引起的。肺屬金，膽屬木，金剋木。肺的問題壓制了膽的功能，有時肺熱特別嚴重，就會造成膽經疼痛，這時只要在手部外側肺經的**尺澤穴**（**圖三**）壓住不動一分鐘，泄除了肺熱，疼痛立即消失，眞是手到病除。

但是這只是治標而已，這種患者多數都伴隨著膽功能方面的疾病，嚴重的

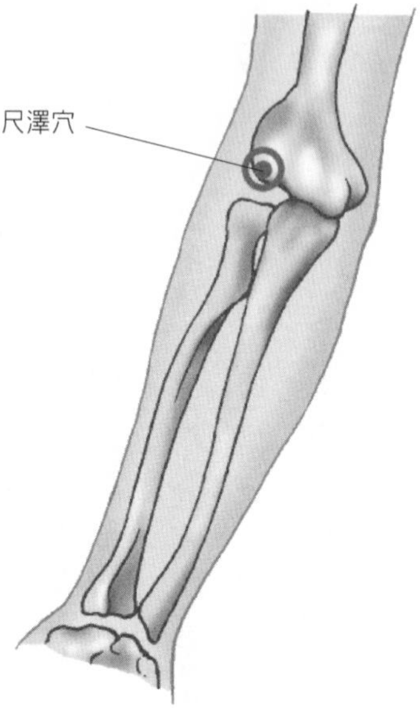

圖三：尺澤穴

甚至割除了膽囊。因此，只有徹底清除了肺的寒氣，才有機會使膽的功能不再受肺的影響，膽經的疼痛（即是大腿外側坐骨神經痛）才能永遠不再發生。

雖然這種五行的理論不容易掌握，本書會在後續的章節中將常用的幾種五行規律做比較詳細的介紹。即使沒有這種手到病除的功夫，只要能依照本書所提供的調養方法，慢慢調整生活習慣，也就能使血氣能量上升，讓人體的診斷維修系統發揮作用，消除這種疼痛，差別只是需要忍受稍長時間的皮肉痛而已。因此，讀者不用擔心學不會那些難懂的金、木、水、火、土，有興趣就學，沒興趣就不用學，不會因此就學不會正確使用人體的方法。

雖然每個人的血氣水平都不一樣，但是人體在不同的血氣水平，五臟六腑都會形成平衡狀態，身體才不會有不舒服的生病症狀。通常出現了不舒服的症狀時，就是臟器之間失去平衡，這時中醫的治療目標，就是消除這種不平衡。

順便一提的是，人體是一個充滿智慧的機體，前面例子中的膽經痛就是最好的例証。這種發生在四肢上的疼痛，通常是用來通知大腦人體生病的訊號。

多數不明原因的疼痛可能都是經絡痛，當人體臟器的能力不足時經絡才會痛，多數時候必需觸壓才會有痛感，到問題很嚴重時，才會不碰也痛。因此當發生不明原因的疼痛時，應先找一份經絡圖，仔細分辨疼痛的位置是那一條經絡，直接按摩疼痛的經絡，或按摩其相生或相剋的經絡，多半能夠緩解疼痛。

有些人很容易扭傷手腳，多數都會認爲是意外的傷害，其實只有眞正的嚴重外力才會造成扭傷，一般性的用力不當，是不容易造成扭傷的。通常被扭傷的部位會不斷的重複受傷，其實主要原因並不是外力造成的，而是該經絡相應的臟器早就有問題，使得經絡的彈性變差，自然就容易扭傷了，這種扭傷不是偶然的意外，而是必然的結果。

# 人體的修復能力

現代醫學認爲人體有強大的修復能力，但是除了對於各種身體外傷性的修復有非常詳細而且精確的研究之外，對於身體更深層器官的修復功能則認識不太多。

早期的西方醫學源自於現代仍存在於西方社會的同類療法，認定身體有非常強大的修復能力，把許多身體的症狀都歸因爲身體正在進行修復工作，因此醫生們並不隨意干擾身體的運行，多數對外在變化進行簡單的觀察和協助。這種觀念和當時的中醫是非常接近的，甚至有許多方面和中醫具有互補的功能。

自從細菌被發現，加上克服了大多數的瘟疫之後，講求證據成爲西方醫學最重要的原則。這種把疾病視爲敵人的「對抗觀念」的醫學理念在細菌性疾病的治療上取得了空前的勝利，使得「對抗觀念」成爲整體醫學的主流。

同類療法的人體修復概念，以現有人類的有限科技能力，非常不容易從活

人身上實際觀察深處器官修復工作的進行，使得他們的理論無法用新的實證原則所證實，不能爲新的醫學界實證標準所接受，他們的方法漸漸成爲另類療法的一種，接受的人愈來愈少。這種器官自我修復的理論也就日漸式微。

現代人長期忙碌，身體的能量，光是供應每天所需都不足，根本就沒有多餘的能量進行器官的修復。一旦有機會休個幾天假，又急急忙忙的安排旅遊的行程，旅遊期間也是努力的玩，深怕浪費時光。這種休假，身體並沒有眞的得到休息。這樣的生活習慣，血氣能量是長期處於下降的趨勢，身體沒有機會對五臟六腑進行清理和修復。

直到退休時，才開始整天無所適事，吃睡隨意，血氣開始回升，這時身體才有機會開始進行各個器官的清理和修復工作。當身體進行器官修復時，其化學程序必定和平時不同。例如當身體清理肝臟或腎臟時，很可能從肝臟或腎臟中排出許多廢物，因而使靜脈中的廢物大量增加。實際的情形是，當身體清理肝臟時，會使三酸酐油脂的數據急遽上升；清理腎臟時會使尿中的尿蛋白大量增加。

現代醫學的儀器診斷，對於各種數值只有一組上下限標準，超過標準的就認定是不正常。因此，當身體進行臟器清理或修復時，在現代醫學的診斷系統中必定被認定是生病了。從這個事實來看，雖然現代醫學在概念上也同意人體有自我修復的能力，但是在實際的診斷上，則是完全否定身體具有自我修復能力的可能性。否則醫生在解讀各種檢查數據之前，必需先有其他方法判斷身體處於那一種化學程序，再選擇適應那一種程序的上下限標準，才能對疾病做出正確的判斷。也就是現代醫學的方法認定人體的血氣能量只有下降一種趨勢，沒有上升的可能性。

許多人都有一種經驗，就是連續休幾天假，就開始生病。原因是他原來的血氣並不是很低，但是身體仍沒有多餘的能量從事清理或修復工作，因此，只要休息幾天，血氣升高了，就有清理或修復的能力，身體一開始進行這類工作，就產生不舒服的症狀，在大多數人的認知這就是生病了。因此，常常有人認為自己是勞碌命，一休息就生病。

血氣能量的上升就是這麼簡單，只要多休息，儘量回歸到自然的生活，血

氣自然能上升，並不需要修煉任何特殊的功夫和技藝，也不一定需要吃特殊的補品。

身體是非常複雜的設備，我曾經從事人工智慧的研究工作，主要都在模擬人體的各種能力和行爲。其中讓我印象最深刻的是人體的感知系統，當我們閉上眼睛，旁人用手在我們身上任何一個地方按一下，我們立刻能夠知道被觸摸的位置，以及觸摸的形式和力度。從控制工程的眼光來看，那麼簡單的動作，身體上需要許多密佈全身用來傳送位置和力量的信號傳感器，當時我就明白人體的設計是極爲精細緊湊的。人體必需在緊湊的內部空間中傳送各種營養物資，也需要把多餘的廢物送出去，又要傳送各種感知的資訊和操作肢體的信號，更要具備實際操作肢體運動的機構。當初設計時所保留的各種通道必定極爲緊湊，只夠身體正常運行時使用，不會預留多餘的空間和容量。

當我們平時勞累，身體沒有能力排泄垃圾時，這些空間閒置著，但是當血氣能量上升，人體有能力排泄垃圾時，不但要排泄當天的垃圾，還要排泄前些時候擱置的多餘垃圾，同時爲了這些額外的工作，人體也必需輸送更多的能量

物資才能達成任務，這時候排泄垃圾所需經過部位的各種物資的流量可能是平時的好幾倍，有時候甚至需要開闢平常不使用的緊急通道。這些超量的負荷以及平常不使用的功能，自然使身體感覺不舒服，也就成了大家認定的生病症狀了。這就像假日高速公路大量的車流使其癱瘓相同的道理。

因此，當我們感覺不舒服時，應該先想自己這一陣子是不是休息得比較好，身體又在進行什麼樣的修復工作，而不是立刻懷疑身體是不是生病了。只要是休息多所造成的症狀，多數是身體正在修復的現象，適當的處理多半不會有什麼問題。

實際上身體的各種臟器的修復工作，都會造成人體的各種不同的特異症狀，有些症狀會讓人感覺不舒服，有些則是不仔細觀察不會知道的症狀。例如腸胃的修復會讓人感覺腹部脹氣和連續幾天的大便異常很不舒服，有時候也會造成胸悶和心悸；腎臟的修復則會使小便中出現許多泡泡，到醫院檢查會被認定爲尿蛋白過多，由於沒有特殊的感覺，不注意根本不會發現。

從中醫的理論，人體的五臟六腑是經常保持平衡的，各個臟腑的能力和狀

態都不會相差太多。當一個器官有問題，其他的器官也不會好到那裡去。在身體修復過程中，身體仍然必需隨時保持這種平衡。因此身體的修復工作是輪流進行的，每一個臟腑提升一點能力，就轉換到另一個臟腑，一輪修完再修下一輪，只要持續保持血氣能量上升的趨勢，這種修復工作就會一直持續進行，直到所有問題都解決，身體再回到正常的運行。

一些長期擱置了很多問題的人，這種修復工作，開始時每一個臟腑都需要數天至一星期甚至十天的修復，然後才會轉換到下一個臟腑。然後下一輪時間就會縮短一點，隨著大問題一個一個被解決以及身體的能力愈來愈好，這種週期會愈來愈短，最後到一兩天轉一個臟腑，甚至一天轉好幾個臟腑。

臟腑修復的先後次序和修復的程度，身體會衡量問題的嚴重性和自身能量的狀況進行最佳化的調配。每一個經歷過這種過程的人都會非常訝異於人體的無所不能，更仔細的觀察還會發現身體的系統是以極高的智慧系統化進行著每一項看似平凡的工作。

許多人在退休後一段時間，開始出現各種疾病的症狀。很可能這些症狀都

是由於退休後的大量休息，使身體的血氣能量迅速回升，啓動了身體修復五臟六腑的能力和機制，是血氣上升的正常現象。但是到了醫院，都被當成身體發生了故障，不斷的接受各種具有傷害性的檢查和治療手段，久而久之就算本來是健康的身體，也被整出病來了。如果這些人能夠理解身體的能力和行爲模式，正確的面對和處理每一個症狀，很可能會有一個完全不同的生命結局。

在一知半解的身體上切切割割，
必定帶來更多的問題。

（漫畫／鄭辛遙）

第三章

# 人體的血氣能量系統

- 五個血氣水平的疾病和症狀
  - ▼健康水平
  - ▼陽虛水平
  - ▼陰虛水平
  - ▼陰陽兩虛水平
  - ▼血氣枯竭水平
- 人體血氣升降趨勢的症狀和疾病
- 運動不會增加能量
- 血氣能量的儲存
- 如何觀察血氣的水平和趨勢

# 人體的血氣能量系統

在人體的系統方塊圖中，我們定義了一個能量供應系統，這就像個人電腦中的電源供給器（Power Supply）是電腦的能量供應中心一樣。可惜的是目前還沒有任何科學的方法可以量測人體的能量，不像用三用電表很簡單就可以量測電腦的能量供應狀況這麼方便。

中醫衡量患者血氣的情況只能用多方採證的方式，從患者的外表症狀，例如頭髮的粗細和顏色、皮膚的顏色、嘴唇和牙齦的血色、舌頭的狀況……等各種症狀，利用學理和經驗來評估及判斷。這種方式因為缺乏客觀的數據，每個中醫師的診斷都會有差異。

雖然目前沒有儀器可以直接量出人體的血氣能量，但是我們利用傳統中醫古籍所提供的資料，加上我們多年來累積的觀察經驗，仍然能夠對人體的血氣能量進行正確的判斷，並將之分類，發展出一套模型。我們可以用這個模型來

推斷疾病發生的原因，再依這些原因擬訂治療的方案。

## ・五個血氣水平的疾病和症狀

就我對中醫的理解，將人體的血氣能量依高低水平分爲五個等級，由於古時候數字概念不是很普遍，因此用陰、陽和虛、實，來表達（前面章節已解釋過）。接下來我們用現代的語言說明這些區分的等級。讀者可以自己嘗試將自己的情況分類，了解自己處在什麼樣等級的血氣能量水平。

・健康水平：

用中醫的眼光來說，這樣的人各方面都很平衡，不偏陰也不偏陽，不偏虛也不偏實，平衡是中醫追求的目標。因此這是最健康的等級，這個等級的特徵是身材勻稱，臉色紅潤，脾氣溫和，作息規律。由於人體有很強的防禦力量，各種外來的疾病不容易侵入，不容易生病。一般很少見到這樣的人，也許練太極或氣功有成的高人才有這樣的身體。

・陽虛水平：

血氣低於健康水平，造成血氣下降的原因很多，如睡眠太晚，或長期營養吸收不良等。這時人體抵抗疾病的能力和疾病侵入的能力很接近，在伯仲之間。因此有外來的疾病侵入時，人體仍有能力抵抗，但是不像健康水平的人一樣可以很快的擊退疾病，會在人體的各個器官發生激烈的戰事，因此會出現各式各樣的症狀。有些人由於身體經常有這種戰事的現象，傳統上會認爲他體弱多病。一般經常感冒甚至發燒的人，或者有過敏性體質的人，都是處在這個等級裏的血氣水平。

・陰虛水平：

血氣下降的趨勢長期不能扭轉，血氣降至低於陽虛的下限後，由於人體的能量太低，診斷維修系統無法完全正常工作，疾病入侵或器官的損傷如沒有立即的危險，就暫時將之擱置。這時的血氣只夠維持日常工作或活動的需要。一般的疾病侵入時，人體並不抵抗，疾病長驅直入。由於沒有抵抗的戰事，因此

也沒有任何不舒服的疾病症狀，但是會在人體的膚色、體形及五官上留下痕跡，有經驗的醫生能夠識別出來。

這樣的人是目前工商社會的最大一群。許多人都覺得自己非常健康，有無窮的體力，每天忙到三更半夜，盡情的透支體力也不會生病，這些現象就是典型陰虛水平血氣能力的症狀。

這種血氣水平的人，愈晚精神愈好，這是由於人體日常產生的「血氣」無法支應每天的透支，只好從人體原來儲存的「火」中提取。比較通俗的說法，這一級的人並不是沒有病，而是沒有能力生病。

每個人可以在這個血氣水平維持的時間長短是不同的，一方面要取決於幼年或年輕時的生活作息是不是正常，是不是儲存了足夠的能量；另一方面也取決於他平時是不是會抽空休息，補充能量。

農村長大的人，比城市長大的人，可以經得起更長時間的透支，這是由於農村長大的人，在幼年時的睡眠較早，身體儲存了較多的能量。現代的孩子，比上一代都晚睡，將來可以透支的能量必定較少，生大病的機會一定比較多也

比較早。

・陰陽兩虛水平：

由陰虛的狀況繼續消耗能量，等到儲存的能量即將用盡的時候，也就是「火」快用完了，就到了「陰陽兩虛」的水平。這時人體會經常處於疲倦的狀態。這個時候人體爲了取得必要的能量，會到肌肉裡或其他部位，淬取能量。

・血氣枯竭水平：

由陰陽兩虛的血氣水平再繼續下降，最終降低到中醫所說的「陰陽大虛」的水平，用比較白話的說法，就是「血氣枯竭」。這時人體血氣虛虧導致肝火旺，夜間難以入睡，越晚精神越好。越不睡覺，人更虛，肝火越旺，形成惡性循環。由於膽經阻塞引起膽汁不分泌，所吃食物無法轉化爲造血材料，營養難以吸收。

這個階段的患者，由於連控制五臟六腑的能力都喪失，發生的都是非常嚴重的疾病，而且多數是目前醫療系統無能爲力的。例如各種癌症、腎衰竭、紅

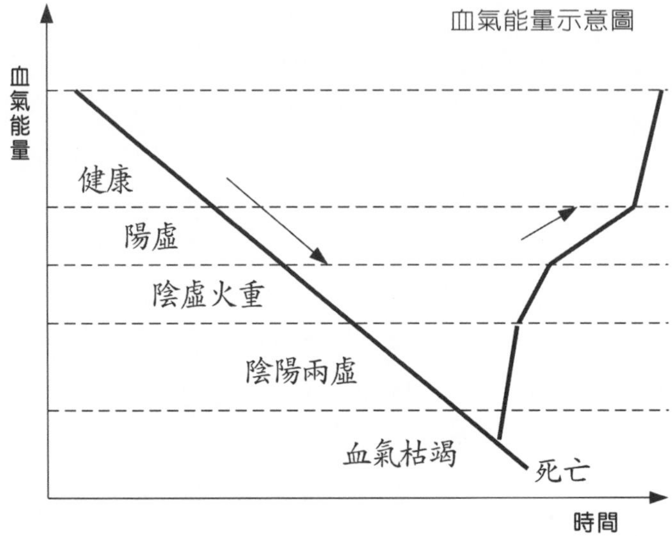


斑性狼瘡、中風等。由於血氣枯竭，同時對五臟六腑都到了失控的地步，因此很容易演變成各個臟器在很短的期間裏陸續發病的併發症現象，其實並不是第一個發病的器官拖累了其他的器官，而是各個器官同時都達到了發病的臨界狀態，一發不可收拾。

附圖是五個血氣水平的下降和上升示意圖，人體的血氣下降，速度很慢，數以十年計。但是上升卻很快，數以月計。在血氣上升至陽虛之前，如果能每天早睡早起，加上勤敲膽經，血氣將很快上升，通常一個月的調養，自身就會有體力和精神明顯改

善的感覺。四、五個月，就有很好的效果，旁人從氣色就能看出明顯的差異。

多數人就算血氣很低，在一年之內都能到達陽虛水平。當血氣到了陰虛水平時，由於身體開始處理部份較嚴重的潛在疾病，因此上升的速度大爲降低。到了陽虛水平，則開始處理更多的疾病，血氣上升的速度更慢。每個人的上升速度，視每個人的疾病種類、輕重程度和生活作息的改善狀況，需要不同的康復時間。

處於任何一個血氣水平的人，只要能將血氣從下降的趨勢轉變爲上升的趨勢，假以時日，血氣的水平會不斷上升。多數內臟的疾病也就是慢性病，只是不同程度低血氣水平的症狀。因此，只要提升了血氣水平，各種慢性病都有康復的機會。

# 人體血氣升降趨勢的症狀和疾病

在血氣上升和下降時都會出現生病的症狀，即使是相同症狀，在上升和下降趨勢中，卻分別由完全不同的原因所造成，當然必須採取不同的治療方案。陽虛的患者生病時（有不舒服的症狀），存在兩種可能的情形，一是在血氣下降的過程，二是血氣上升的過程。

在血氣下降過程中，從健康進入陽虛，這時身體的能量不足以將疾病快速擊敗，因此經常生病。這樣的情形痊癒有兩種可能，一種是努力改善生活規律，增加身體的能量，使自己回到健康水平，讓身體有能力隨時快速的擊敗疾病，這是眞正的痊癒。

另外一種可能是繼續過著不規律的生活，消耗血氣能量，使血氣下降到陰虛水平，由於身體的診斷維修系統不再全面工作，一些小毛病就不再處理，也就沒有症狀，雖然實際上身體更差，但患者會以爲已經痊癒，這是假的痊癒。

在血氣上升過程中，患者從原來不會生病的陰虛水平，進入很容易生病的陽虛水平。表面上看從原來不生病，到很容易生病，多數人都認爲身體變差了，實際上卻是血氣上升，身體變好的結果。

許多人都有這樣的經驗，平常很忙沒有時間生病。一休假，在家睡兩天，就開始生病，這就是從陰虛進入陽虛的現象。開始上班以後，忙兩天，血氣又下降到陰虛水平，身體也就不再生病了。我建議這樣的朋友，等工作較輕鬆時開始有計劃的調養，找一段時間休個長假，讓身體有機會把該處理的問題清理乾淨。

如果無論如何都找不出時間，又眞的想把身體弄好，那麼就狠下心，把工作辭了，在家裡休息個半年。把身體裡長期被擱置的疾病去除，也就是把血氣調到陽虛水平，好好的生幾場病。有時候調養的時間會長達好幾年，多數患者都嫌時間太長。其實想想，我們幾十年用下來的身體，用使用時間的十分之一調養回來，應該是很合理的。

# 運動不會增加能量

運動會打通經絡，強化心臟的功能，提高清除體內垃圾的能力，但是並不會增加人體的血氣能量。

運動對健康的影響，主要是加快血液循環的速度，可以使一些閉塞的經絡因而暢通，特別是對於心包經的打通有很好的效果。心包經的通暢，可以強化心臟的能力，提升人體的免疫功能，也會加快人體的新陳代謝，加快人體廢物的排除。

人體的發胖，多數是由於心包經的不通暢，導致垃圾（脂肪）的堆積，運動之所以具有減肥的效果，是由於運動有助於打通這條經絡。運動需要消耗人體的能量，大量的體力消耗會使人產生疲倦感，進而增加睡眠的時間，改善睡眠的品質，增加了人體造血的時間，血氣水平因而提高。也就是說能量提升不在運動而在運動之後的睡眠，血氣不足的人，如果只是單純的運動，完全不改

善生活習慣，增加或調整睡眠的時間，則運動只是無謂的消耗血氣能量而已。

現代許多繁忙的人都利用夜間進行運動，人體經過了一整天的體力消耗，到了晚上必定已經沒有多餘的能量可供運動。因此運動時身體必定是調動儲存的肝火，加上運動的激發，精神處於亢奮狀態，在夜間九、十點停止運動之後，至少需要兩、三個小時讓這種亢奮狀態消除，才可能入睡。由於肝火仍旺，這一夜的睡眠必定不安穩。這種運動對身體不但沒有任何益處，如果形成長期的習慣，反而會成爲健康的最大殺手。多數人都以爲運動可以創造能量，所以才能在運動之後精神特別好，殊不知完全是透支肝火的結果。

有一次一個哮喘患者來找我們的醫生，醫生看過之後，只給他口頭的建議，不教他推拿的方法。我感到很奇怪，醫生事後告訴我，這個患者哮喘已經很多年，最近參加早泳會後，哮喘就好了。可是觀察他的血氣，仍然很低。判斷他的情況是原來的血氣在陽虛水平，血氣並不太低，因此身體經常會進行寒氣的排除，因而產生哮喘。近期由於參加早泳，但是並未早睡，吸收也沒有改善，因此血氣更差，而下降到了較低的陰虛水平，身體不再有足夠的能力驅除

寒氣，從原來的經常哮喘變成了沒有能力喘，症狀消除，患者以為哮喘已經痊癒了。

這種情形如果醫生建議他早睡早起加上經絡的調理，這些措施必定會使他的血氣很快從陰虛回升到陽虛水平，這時他又會開始排除寒氣，哮喘再度發作。患者不會認為早睡早起會使他發病，一定認為是我們的經絡調理方法有問題，我們將陷入有口難辯的地步。因此，最好的做法只能給予口頭建議，建議早睡早起，讓他的哮喘自己再度發作，才好進行下一步工作。但是這樣的患者，多數會認為他原來用運動就將哮喘治好了，不會相信我們的說法，最終的結果必定是繼續用他原來的運動療法。

從這三個血氣模型，加上本書隨後所介紹的方法，可以發展出一套養生治病的方法。無論在那一個血氣水平，只要能夠早早的睡覺，再敲打膽經，就能夠使血氣從下降的趨勢逆轉為上升趨勢。

只要血氣上升到陽虛水平，身體的免疫系統、診斷維修系統將陸續恢復功能，逐一的清理、治療人體存在的問題和疾病，身體會先出現許多各式各樣的

小毛病，隨著這些小毛病的一一清理，身體的狀況會逐步好轉，血氣逐漸增加，只要血氣長期是朝上走的趨勢，健康就只是一個時間問題而已。

肝熱的人，夢多，睡不沉。

（漫畫／鄭辛遙）

# 血氣能量的儲存

「透支體力」是我們經常在使用的詞句，體力既然能夠透支，那麼也就必然能夠儲存。

「血氣」是中醫用來說明人體能量的名詞，但是人體內並沒有任何物質稱之爲「血氣」，根據中醫的解釋，血氣包含著人體的許多物質，其中血液是人體能量最重要的代表。血液總量和人體的血氣能量成正比，人體的能量就是透過血液來儲存和運送。

只要每天造血的數量大於血液的消耗，那麼血液總量就會愈來愈多，多餘的血液就會進入人體的各個臟器。例如，肝在中醫裡是有藏血的功能，而人體很虛弱時，腎臟也會萎縮，所謂的腎臟萎縮，也就是腎臟中的血液量減少了。因此如果人體長期處於血液總量不斷上升的狀態，那麼在各個臟器中都充滿了血液，骨頭中也充滿了骨髓，這就是血氣能量儲備充足的狀態。

反之，如果每天的造血量少於血液的消耗時，血液總量就會愈來愈少，各個臟器中儲存的血液也就愈來愈少。當脾臟中的藏血減少時，人體的診斷維修系統的功能就減弱，免疫能力自然下降。當肝臟的藏血減少時，血液在肝臟中清洗的次數就減少了，血液就愈來愈髒。當肝臟中的血液減少到很低時，部份肝臟由於長期得不到血液的滋養，會逐漸出現萎縮或者硬化的現象。腎臟的藏血減少時，血液中的垃圾無法透過腎臟排出去，小便的顏色逐漸變淡，最終呈現完全清澈的狀態。隨著血液總量的繼續減少，最終腎臟完全不再發揮作用，就演變爲尿毒症。

我們都有使用大哥大的經驗，大哥大的電池，充電一次約兩三個小時，可以使用兩三天，使用時間是充電時間的數十倍。人體血氣儲存的機能也像大哥大電池的充電一樣，只要掌握了人體造血機能的各項條件，就能使血氣能量快速上升。反之，如果長期處於透支狀態的人，其幼年時所儲存的血氣能量，可以支援其數十年的消耗。

血氣能量是可以儲存的，這是一個很重要的邏輯觀念。用這樣的邏輯能夠

說明有些人長期不正常的生活，每天只睡很短的時間，而沒有立即的疾病症狀，是因爲他年輕時儲存了較多的能量。但是，隨著能量的繼續透支，未來一場大病還是免不了的。

人體在利用儲存血氣能量時，有點像大樓停電時使用的備用能源系統。由於備用能源系統的儲存量有限，而且力求能夠用最長的時間。因此在使用備用能源系統時，通常只供應最重要的部分。例如大樓中的照明系統和消防系統等，耗電量大的空調系統則停止運行。

同樣的，當人體的血氣不夠，開始啓用備用的能源系統時，也僅供應必要的人體功能，消耗能量大的人體診斷維修系統就暫時停止能源的供應，當然也會停止運行了。

中醫將正常的能量稱之爲「血氣」，備用能源稱之爲「火」。使用備用能源時，身體的主要現象是越晚精神越好，就是中醫常說的「心火盛」或「肝火旺」。

由於使用備用能源時，診斷維修系統幾乎停止運行，人體沒有不舒服的疾

病症狀。許多人就誤認爲自己身體很好，從來不生病，可以任意透支體力。也有些人，平常忙起來不生病，一旦停下來休息，立刻渾身不舒服。就是平常都使用備用能源，休息下來，血氣能量多了，診斷維修系統開始運行時，人體就有不舒服的疾病症狀。

有些人明明身體已經很糟了，還是不知道保養，不知道休息，認爲工作上沒有他不行，每天都要拖到半夜一、兩點才上床。等拖垮了進了醫院，公司最終還是失去了他。

記得有一次在一家公司看到一幅標語「今天不努力工作，明天努力找工作」；套他的語意，也給大家一句忠告：「今天不好好睡覺，明天好好睡長覺」。與其累壞了生病住醫院療養兩個月，不如提前在家休息兩星期來得好。這是非常簡單的道理，偏偏就有很多人想不通。

我們經常給患者的建議是：養生之道的根本，就是經常留一分血氣能量給自己。「早睡早起身體好」是我們從小就被再三教導的最簡單常識，只是一直沒有受到大家的重視，大家也不明白晚睡晚起有什麼不好？現在有了血氣能量

的觀念，大家應能明白只要早睡早起，就能有一個健康的人生，眞是再簡單不過了。

騰不出時間睡覺的人，
遲早會騰出時間來生病。

（漫畫／鄭辛遙）

# 如何觀察血氣的水平和趨勢

談了許多血氣的觀念和模型，可是如何才能知道自己血氣水平的高低呢？

雖然目前仍然沒有適當的儀器很方便的測量人體的血氣水平，但是我們有幾個簡便的方法用在一般的診斷中。最簡單的是觀察嘴唇和牙齦的顏色，這個部份會明顯的反映身體內血液的顏色，而且還會留下過去一段時間血氣狀況的痕跡。

長期血氣透支後，會使嘴唇的顏色漸漸轉暗，嚴重的成爲紫黑色。但是當開始改善睡眠習慣之後，會從下嘴唇的內側開始改變顏色，逐漸由內而外，當改變至嘴唇厚度的中間部位，可以從外部看到明顯的裡外顏色差異時，至少需要半年的時間。整個下嘴唇顏色全變成淡紅色時，則需一年以上的調養。因此，只要從上下嘴唇的顏色差異，就能判斷過去這段時間裡，這個人的血氣是不是處在上升的趨勢，而且也能判斷其調養時日的長短。

牙齦是另一個非常容易觀察血氣的部位，特別是一些原來血氣很低的人，原來的牙齦顏色多數都很深，當開始依照本書的方法調整生活習慣之後，約兩周到一個月就會在牙齦靠近牙齒的部份出現一條很細的新肉痕跡，這部份的顏色接近粉紅色，和原來的深色形成強烈的對比。隨著調養時間的不斷加長，淡紅色的部份逐漸增加，兩色中間形成一條很清楚的界線，只要觀察這條線的位置，就能知道這個人在過去一段時間的生活習慣或工作壓力的變化。牙齦的顏色如果很淡，表示這個人睡眠的時間夠長，但時辰不對或吸收不良，血氣仍然不足。正常的血色應該帶點血紅色。

在血氣增加的過程中，牙齦上的牙肉會愈長愈厚，露在外面的牙齒愈來愈短，牙肉會逐漸長到牙齒的縫隙中，這也是觀察血氣趨勢的很好方法。相反的，如果血氣不斷下降，則牙齦上的牙肉會愈來愈低，也就是牙肉逐漸收縮，牙齒愈來愈長，直到把牙根都露出來，就很容易得牙周病。

所以說牙周病是血氣下降的結果，去除牙周病的方法也很簡單，只要依照本書的方法調養一段時間，讓牙肉長厚一點就行了。不過提醒牙周病的朋友，

在開始調養的初期，應該先找牙醫把牙根上的結石去除，否則牙肉開始往上長之後，會將結石包在牙肉中，日後很容易發炎，清除包在牙肉中的結石很麻煩，需要將牙肉用手術割開才能清除。

手掌的顏色和膚質也是觀察血氣的重要訊息，如果臉色紅潤，但是掌心也很紅，則是肝氣上衝造成的紅，這種紅潤不能代表這個人原來的血氣，如果泄除了肝氣，可能臉上的紅潤就完全褪光了。標準的手掌顏色應該掌心白、指尖紅，這樣的手掌表示這個人目前肝氣不盛，臉上的紅潤就是眞正的健康色。

剛開始調養時，手上的顏色會不斷的變化，每個人變化的方式都不完全一樣，必需視其起步時的狀況而定。

另外手掌摸起來非常軟的人，是血氣很低、血中蛋白很少的人，已經有一部份的肌肉被轉化爲醣用掉了，當開始調養三、四個月，血中蛋白質增加後，本來正常的血糖也會跟著升高，如果到醫院檢查時，就會出現糖尿病的症狀，這時不用緊張，只要依照本書中糖尿病章節中的方法，繼續調養，兩三年內會自然痊癒。

手掌非常厚而且粗的人，血氣必定很低，以致於手掌中堆積了許多垃圾，表面上的皮膚也久未換新，顯然組織的再生能力也很弱。

手背上的血管也是一個重要訊息，血氣很低的人，血液總量必定也不足，血管不明顯，到醫院打針時，不容易找到血管，有時血管的部位甚至呈凹陷狀。有些血脂很高的人，血管的顏色很深，前面提到糖尿病的人，血管看起來較粗，但沒有彈性。隨著血氣的提高，血管會愈來愈飽滿，顏色也會愈來愈淡，而且也會愈來愈有彈性。

從血氣變化在人體外表留下的各種痕跡，就能明白健康檢查不一定需要完全依賴儀器，仔細的留意就能了解自己眞正的健康情形。除了這些跡象之外，在身上還可以找出許多其他的症狀，例如白頭髮的人膽功能必定不好，血氣也不會好，皮膚乾而且灰的人更是血氣極端低落……等，都可以觀察到血氣的水平和變化的趨勢，這些就留待專業的醫生們去學習了。

許多人都把體質歸咎於遺傳，例如，多數年輕時就有白頭髮的人（俗稱爲少年白）常常會說，這是遺傳的，我父親（或母親）就是這樣。其實白頭髮的

形成和感冒的用藥習慣有密切關係，有些人非常注重保養身體，一有感冒跡象就立刻吃藥，這樣的人身體上的寒氣根本無從宣洩，最容易長白頭髮。而當這樣的人在照顧孩子時，也必定用同樣的邏輯，孩子長大了也自然很早就有白頭髮了。

許多所謂的「遺傳」性疾病，很可能是由於一家人具有相同的生活習慣和用藥習慣的結果。

第四章

# 寒　氣

- 寒氣的排除
- 寒氣的正確處理方法
- 如何減少寒氣的侵入
  - ▼避免淋雨
  - ▼洗頭必需吹乾
  - ▼游泳時必需注意的事項
  - ▼家中常備薑茶

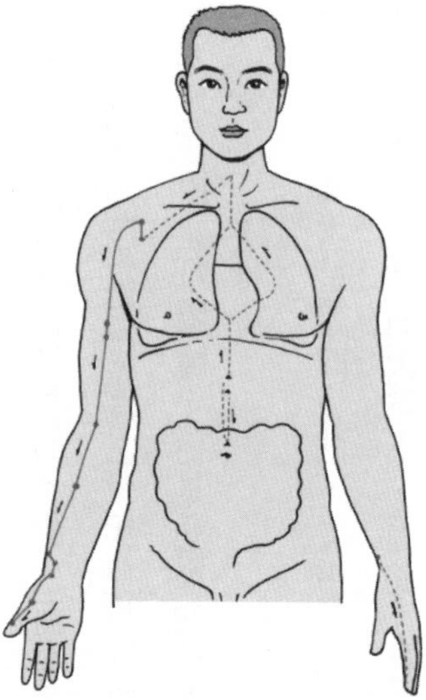

# 寒氣

寒氣是現代人很少使用的名詞，感冒則是每一個人所熟知的。感冒指的是打噴嚏、流鼻水、咳嗽、頭痛、發燒、喉嚨痛等症狀。寒氣則是感冒的眞正病因之一。寒氣在中醫並不是一個很嚴重的病，卻影響深遠禍害無窮。

打噴嚏是人體的正常機能之一，主要是用來排除進入鼻腔的異物。而鼻子裡的異物種類很多，只有鼻水形式的異物我們才認定是「感冒」。因此排除鼻水才是打噴嚏的主要原因之一，治療感冒不應該阻止打噴嚏，而是必需找出造成鼻水的原因才是正確的。

由於有許多不同的原因都會造成打噴嚏、流鼻水這類的症狀，從中醫的觀點來看，對於疾病的認定並不以其症狀爲主，而是以其病因爲主。因此，對於受寒所造成的打噴嚏、流鼻水這類的症狀，就稱之爲風寒。由於風寒所引起的症狀非常多，自古以來許多著名的中醫師都對風寒極爲重視，著名的漢代名醫

張仲景所著的醫書雖然包羅了各種疾病，卻是以「傷寒雜病」爲名，就是這個原因。

用現代科技知識可能更容易說明中醫對風寒的觀念，「風」和「寒」是兩種不同的疾病，「風」指的是「風邪」，風字最主要的內涵是個蟲字，也就是有外來的病因，一如現代醫學所稱的細菌或病毒。古時候的中國人雖然不知道細菌的存在，但是卻猜到是有某種類似蟲的東西會對人體造成疾病，對於這類疾病雖然有些預防的方法，但並沒有眞正能夠對治的手段。

「寒氣」則是中醫特有的詞彙。中醫所說的「氣」字，有很多種不同的意義，有我們熟知的空氣，也有氣功師所練的無形罡氣，甚至連體液也常用「氣」來表示。

「寒氣」指的是人體受寒時所產生的東西。從物理學的觀點，熱量會在所有相鄰的物體之間傳遞，從高溫的物體往低溫流動。因此當人體處於低溫環境時，身體的熱量會不斷流失，直到人體和外界溫度相同爲止。人體的體溫下降，在醫學上稱之爲失溫，是一種會致命的危險。因此，當人體面臨低溫環境

時，第一個防衛措施是迅速適當的降低體表的溫度，縮小人體和外界的溫差，降低熱量流失的速度，但是人體能夠下降的溫度很有限。

當熱量仍然迅速的流失時，人體會啓動第二種防衛措施，就是利用化學的方法，燃燒某種物質，使之產生熱量。這種措施必定在皮下靠近體表的部位進行，防止體內重要的器官失溫。這種被燃燒的物質，通常是在體表流動的體液中的某種物質。這裡所說的燃燒和我們日常所說的燃燒不完全一樣，並沒有眞正的火焰，只是把兩種不同的物質進行化學反應，使之產生熱量。

人體是一個高超的化學魔術師，當受到外力造成骨頭的傷害時，斷裂骨頭周圍會因血管破裂造成內出血，這些流出的血液會圍繞在斷骨的周圍。這時人體會分泌某種物質，把這些血液改變成骨細胞，迅速和原有的骨頭結合成一體，自動修復斷裂的骨骼。人體的這種修復方法，是現代醫學所熟知的。

如果人體能夠利用轉化血液爲骨細胞的方法修復骨骼，應該就能夠利用轉變物質產生熱量的方法來防止熱量的流失。化學上有許多方法能轉變物質產生熱量，最簡單的例子就是燃燒碳分子產生熱量。

$C_2+2O_2 \rightarrow 2CO_2+$ 熱量

人體裡到處充滿了各種不同的碳水化合物（$C_xH_yO_z$），適當的改變其中碳、氫、氧的比例，或加入某種物質都可能產生熱量。這種方法，會使原本正常的體液改變成爲低熱含量的體液，同時釋放出熱量，彌補因外界低溫所流失的熱量，減低人體失溫的速度。這些被改變過的體液不再能像原來的體液一樣供人體使用，而成爲必需排出體外的廢物。這種變質的體液很可能就是中醫說了幾千年的「寒氣」，也就是說寒氣很可能不像氣功一樣是一種抽象概念，而是一種具體的物質，可能是液態的，也可能是固態的。

由於熱量會從人體的各個部位流出，寒氣的物質也就可能會出現在各個不同的部位。人體針對各個不同部位寒氣的處理方法都不相同，於是形成了各種不同症狀的感冒。

例如，人體背後的寒氣，會直接積存在**膀胱經**（**圖五**）中，長期的堆積會在背後形成一層厚厚的脂肪，這些脂肪有一部份即是那些變了質的體液經過長期不斷的累積而成。

頭頂的寒氣會直接堆在頭頂上，通常**頭頂**只有一層薄薄的皮膚，用手按壓時應該是硬硬的感覺。但是寒氣堆積得多了，會形成一層軟軟的物質，摸起來像有一層海綿墊似的。頭頂的寒氣更嚴重的會在前額左側或右側形成一個硬硬的腫包，到醫院診斷時醫生會認定爲骨質增生，這是把寒氣用固態的形式積存的物質。

正面的寒氣，上半身會積存在**肺和肺經別（經絡的分支）**（**圖六**）中，這兩組經別在人體胸前中線的兩側。正面的寒氣也會積存在**胃經**

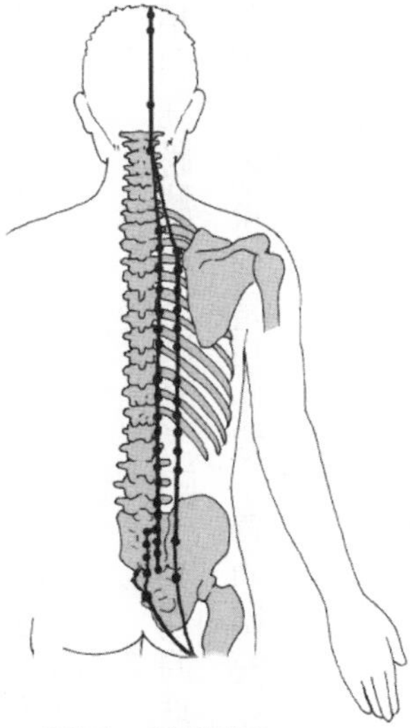

圖五：膀胱經

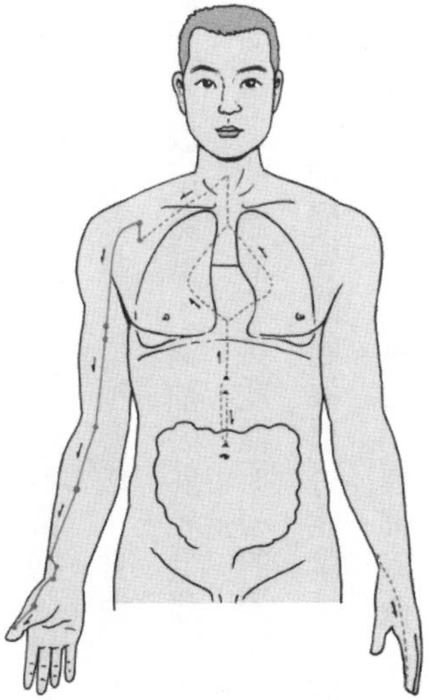

圖六：肺經和肺經別

**（圖七）**中，胃經從眼部下方一直延申到腳趾，在大腿正面是最容易積存寒氣的部位。

嚴重的胃經寒氣堆積，會使大腿正面形成一層硬而厚的組織，使得大腿的伸縮發生問題，因而造成行動不便。這種疾病很少醫生能夠診斷出和胃有關聯，經常都成爲難以醫治的疑難雜症，跛了數十年無論如何均難以想像是由於胃經的寒氣所造成的。

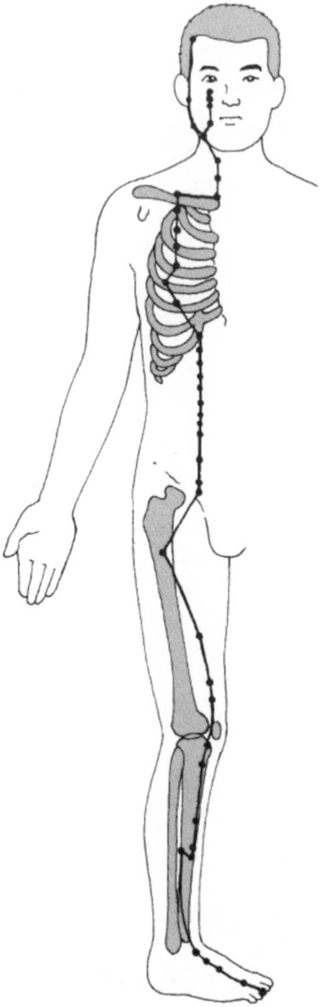

圖七：胃經

側面的寒氣則積存在**膽經**（**圖八**）中，只要寒氣侵入人體，這個部位都無法倖免。這個部位的寒氣有時會在大腿外側形成一條條的橫紋，由於寒氣的物質會阻礙經絡的流通，使寒氣堆積的部位附近，細胞所產生的垃圾無法排出，寒氣和垃圾累積多了就會使大腿外側顯得特別胖。

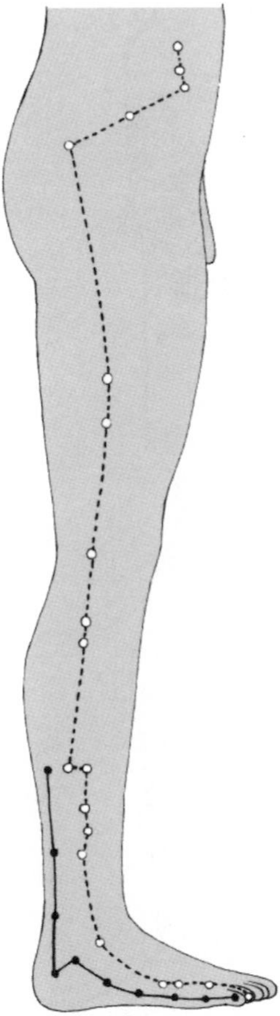

圖八：膽經

由於這些廢物不是人體的組織，因此會在組織之間流動，如果這個人喜歡運動，大腿部位寒氣和組織廢物所形成的垃圾會往下流動，轉而堆積到小腿肚上，形成蘿蔔腿。通常男人較女人活動力大些，因而女人多數堆在大腿外側，男人則大多堆在小腿肚上。這種現象即是本書前面所說寒氣所造成膽經阻塞的原始原因，也就是膽經的寒氣堆積造成膽功能受阻，再造成吸收的障礙。敲膽經一方面能刺激膽經，強迫其分泌膽汁；另一方面使這些堆積的廢物能夠流動，進而排出體外。

寒氣從人體的皮膚進入身體之後，如果所承受的寒氣份量不多，同時血氣充足經絡暢通，則很快的身體會將寒氣從表皮受寒的部位運送到排泄通道，鼻腔是最主要的通道之一，透過一、兩個噴嚏就排出體外。如果受寒的面積很大，或周圍的溫度很低，流失的熱量很多，身體產生大量寒氣（變質的體液），一時無法將寒氣排出體外，很可能就會出現生病的症狀，這些症狀的產生主要是身體排泄寒氣時的現象。這時身體必需耗費大量的能量來驅除寒氣，因而使人體呈現非常虛弱的狀態。這時最好的應對方法是多休息，把所有的能

量留給身體用來驅除寒氣。

鼻腔是寒氣最常見的出口，當少量的寒氣到達鼻腔時，立即造成鼻塞；份量增多時，即出現打噴嚏的症狀；份量再增加時，則出現流鼻水的症狀，這時的鼻水多數是略低於體溫，感覺涼涼的。通常開始流鼻水就是排除寒氣的尾聲，鼻水流完感冒也就好了。

中醫古書裡說，寒氣先堆積在皮下的經絡理，也就是書中所說的「腠理」，時間久了會轉移到相應的「腑」中，例如常見的「胃寒」即是這樣形成的，當這種現象產生時，用手摸胃部，可以直接感覺其溫度特別低，有時會和肚臍的溫差大到六～七℃。

寒氣在身體中更久，或更大量的寒氣侵入時，會逐漸轉移到肺臟，形成中醫所說的肺虛現象，所謂肺虛就是肺的寒氣太多導致肺功能逐漸減低。在人體中，肺臟除了擔負我們所熟知的呼吸功能之外，還是身體分佈水份到各個部位的主要機構。當寒氣侵入肺臟時，肺臟的能力即隨之下降，身體吸收及處理水份的能力也就跟著下降。這時大多數的水份一進入人體即排出體外，感覺一喝

水就想上廁所，小便也多數呈現清徹無味。由於水份吸收的障礙，使得人體組織裡的水份比例愈來愈少，外表愈來愈瘦，同時皮膚上的光澤也日漸減少，並且愈來愈黑。通常中醫的望診，黑而無光澤的臉色即是肺氣虛弱的表象。隨著肺氣的逐漸虛弱，情緒上也會愈來愈悲觀，很容易就會有忍不住想哭的感覺，就像中醫書上所說的「肺主悲」。

嚴格的說，寒氣侵入人體時，人體只有外表緩慢的變化，並沒有不舒服的症狀或感覺，多數不舒服的感覺來自寒氣排除的過程。存在身體不同部位的寒氣排出時，症狀都不一樣，當然應變的對策也就不同。因此，明白了寒氣的原因之後，最重要的就是要學會正確的處理寒氣排出的症狀。

# 寒氣的排除

許多人感冒時，常常會出現身體發冷的症狀，寒冷的感覺像是來自身體的深處，蓋再多的棉被也沒有用。顯然這時身體的某些部位是處於低溫的狀態，但是這種狀態並不會持續很久，通常都是過一會兒就不再冷了。

前面提過身體面對寒氣侵入時，會產生某種化學反應，使體液中的化學成份發生變化，釋放熱量來防止身體失溫。這些被改變的物質也就是寒氣，如果沒有被排出去就會長期存在身體裡。當身體狀況改善有了足夠的能量之後，身體會再利用相反的化學手段，將含有寒氣的物質還原。由於當初改變物質時釋放了熱量，這時再把物質改變回來，自然會從周圍吸收大量的熱量，使得其周圍組織或體液的溫度下降。身體再將這些低溫的體液或廢氣排出去，就把寒氣帶了出去。因此，這時會感覺寒冷來自體內，鼻尖摸起來也是冰冰的感覺，似乎和鼻尖相連的一連串組織的溫度都變低了。打噴嚏或咳嗽時所呼出的氣體或

感冒所流出的鼻水都呈現低溫的狀態，不像平時打哈欠時呼出的都是熱氣。

從這樣的推論，顯然感冒症狀的出現並不是由於身體變弱了，相反的卻是身體由弱轉強時才會出現的症狀。許多從來不感冒的人，並不是身體眞的很強健，反而是身體根本沒有能力排除任何寒氣，才沒有任何不舒服的症狀產生。許多臉色黑而乾，明顯肺虛症狀的人，都是很多年沒有感冒的經驗，這種人從外表的症狀顯現出身上的寒氣很重，卻沒有能力排除。

這種沒有能力排除寒氣的人，使用任何藥物都無法將經絡中或深藏肺臟的寒氣排出。必需先養足了血氣，使身體具備了足夠的能量，自己發動驅趕寒氣的戰爭，寒氣才有可能被排出。在過程中，人類有限的醫療技術只能在最後當人體開始排泄寒氣時，加上很小部份的助力。

因此，無論是那一種寒氣，對付寒氣的方法，都必需回歸到前面所說的養成良好的生活習慣提升血氣，正確的處理每一個疾病的症狀，沒有什麼捷徑，更沒有什麼仙丹妙藥。

# 寒氣的正確處理方法

感冒的症狀很多種，大致上包括打噴嚏、流鼻水、咳嗽、頭痛、全身痠軟或痠痛、發燒、喉嚨痛等。人體不同深度或部位排出的寒氣，會形成不同的症狀。因此，大致上可以就症狀和寒氣的原因分爲身體背後經絡寒氣、身體前面經絡寒氣的排出和肺臟寒氣的排出三大類。

身體背後的經絡主要是膀胱經，由於膀胱經所在的背部面積很大，而且在人體最容易受寒的部位，因此許多人都有大量寒氣存在這個部位。膀胱經的寒氣排出時會出現整個肩背痠軟或痠痛。由於膀胱經貫穿整個頭部，因此，會出現後腦部位腫脹頭痛或偏頭痛的感覺，眉頭附近的印堂部位會隱隱作痛，按摩耳後的風池穴會有強烈的疼痛感。喉嚨也會出現不適的症狀或咳嗽，這些都是膀胱經寒氣排出時的症狀。夏天中暑時也經常會有這種感覺，兩種情形都是背後膀胱經阻塞的症狀。

排除膀胱經寒氣出現不舒服症狀時，最簡單的應對方法是刮痧，由於背部是膀胱經主要的穴位所在，幾乎整個背部的左右兩側都是膀胱經分佈的部位。因此，只要在頸後、背部和前額刮痧，使經絡通暢，刮完痧睡個覺，大概不舒適的感覺就不見了。

另外，當剛開始出現頭疼時，可以多喝沙士，然後出去晒個太陽，所謂晒太陽，在冬天可以直射，夏天就只要在樹蔭下光線較強的地方即可，通常是半個小時後症狀就自然消除。另外，喝杯桂圓紅棗茶再睡個好覺，也能將症狀消除一部份。

身體前面經絡的寒氣排出時，最典型的症狀是鼻塞、打噴嚏、流鼻水，有時候還會出現水瀉。這些症狀和肺裡寒氣排出時相同，分辨的方法是用手觸摸額頭和鼻尖，再和臉部其他部位溫度相比較。如果額頭的溫度較低，則這些症狀是身體前面經絡中的寒氣排出，如果是鼻尖的溫度較低，則是肺裡寒氣的排出。經絡中的寒氣排除不會造成咳嗽也不容易出現發燒，肺裡寒氣排出時則很容易出現咳嗽和發燒。

身體前面存放寒氣的經絡主要是胃經和大腸經。因此，在寒氣排出的同時，腸胃也會出現不適的症狀。最常出現的是脹氣，有時也會出現不停的想吃零食的狀況，但大便卻不順暢，直到大便順暢時感冒也就快好了。和排除膀胱經的寒氣相同，這時最好的策略是休養生息，讓身體集中能量將寒氣排出體外，可以適當的喝些桂圓紅棗茶提升身體的能量，協助身體排除寒氣。

鼻尖的溫度變低，是寒氣從肺裡出來最明顯的症狀。通常這種低溫會早於各種有感覺的症狀之前出現。有些人的眼白這時也會出現淡淡的藍色，特別是兒童最容易有這種情形，做母親的人一看到小孩眼白變藍時，就應該摸摸他的鼻尖，如果也變得冰了，那麼就必需先有小孩即將感冒的心理準備。可以在家中先預備好退燒藥，當體溫升到三十八度半以上時就先用退燒藥防止身體造成傷害。鼻尖低溫或眼白變藍的症狀出現了一、兩天，就會開始出現感冒的症狀。如果前期低溫的時間很長（三天至一星期），再出現症狀，則這次的感冒必定很嚴重，很可能會出現持續高燒不退。似乎是人體醞釀了長時間才將寒氣驅出，因此特別嚴重。通常是身體愈強的人驅趕寒氣的力度愈猛，感冒的程度

也愈嚴重。

肺裡寒氣出現的咳嗽所呼出的氣體，總是涼涼的。這種咳嗽應該視之爲一種深度的呼吸，並不是疾病。是人體正常的功能，用來將深藏在肺臟深處的寒氣排出去的手段。

正確的分辨「那些症狀由疾病造成」，「那些症狀是人體正常的功能所引起」是非常重要的。當認定咳嗽是人體的正常功能，目的是排除肺裡的寒氣，面對這種咳嗽，就不需要急著用藥物將之終止，而是尋求提升人體排除寒氣能力的方法，把寒氣徹底的排出體外。

傳統中國民間利用薑湯來增強身體的熱能，或中西醫都提倡的多休息等，都是提高身體的能量來加快排除寒氣的良好方法。這些正確的方法，有時並不會使症狀減弱，甚至常會使症狀更嚴重。因爲身體的能力增強之後，反而會有更大的力度來排除寒氣，身體需要排出更多的垃圾，當然會更不舒服。這種情形雖然會出現暫時更嚴重的症狀，但整個生病的時間會縮短，而且寒氣眞正被排了出去。

# 如何減少寒氣的侵入

既然寒氣的爲害如此之大，每一個人又很難完全避免寒氣的侵入，只有在日常生活中建立正確的觀念，盡量減少寒氣的侵入。以下，是防止寒氣侵入的幾個主要方法。

・避免淋雨

這是許多浪漫的年輕人喜歡經歷小說和電影中場景的行爲，由於現代年輕人大多晚睡以致血氣普遍不足，身體對於淋雨所侵入的寒氣不容易立即將之驅出，因此也就不會有任何症狀，大多數人也就天眞的認爲自己的身體很強壯，足以經受這麼一點小雨，久而久之面對這種小雨就完全不在意。

其實這種淋雨會在頭頂和身上其他受寒的部位留下寒氣，經常淋雨的人，頭頂多半會生成一層厚厚軟軟的「脂肪」，這些脂肪就是寒氣物質。等身體哪一天休息夠了，血氣上升就會開始排泄這些寒氣，由於長時間累積了大量的寒

氣，身體需要借助不斷的打噴嚏、流鼻水的方式將之排除，這時又會由於頻繁的打噴嚏、流鼻水而被醫生認定爲過敏性鼻炎。很可能由於年輕時貪圖一時的浪漫，卻要耗費許多年甚至大半生來承受過敏性鼻炎的痛苦，實在不是一件明智的行爲。

**・洗頭必需吹乾**

許多人洗頭都有懶得吹乾的習慣，有些人甚至用布將洗過的頭包住，這些行爲都會促使頭頂吸入過量的寒氣，其結果和淋雨有相同的後果。

**・游泳時必需注意的事項**

游泳是一件現代人很重要的運動和喜好，對身體也確實有好處，但是游泳也是寒氣進入身體最主要的途徑之一。和淋雨相同的是這些寒氣大多數不會即時反應，使多數人不認爲游泳和寒氣有什麼關係。

多數喜歡游泳的人經常從水中出來時，都會感覺特別冷，特別是一陣風吹來禁不住打一個寒顫，這種感覺即是寒氣侵入身體最具體的感受。

喜歡游泳的人最好選擇沒有風的室內溫水游泳池，減少受寒的機會。同時在每次游泳的前後能各喝一杯薑茶，加強身體對抗寒氣的能力。

至於某些人喜好冬泳的習慣，從寒氣的觀點，那是最愚蠢的運動。自然界沒有那一種和人類近似結構的動物有這種行爲，上帝在設計人體時並沒有考慮到有人會把這種運動當成喜好，喜歡這種運動的朋友只好自求多福了。

給這些朋友的忠告是：一時沒有症狀並不表示寒氣就沒有侵入身體，個人的意志力可以讓人體忍受這種刺激，卻無法改變寒氣侵入身體的事實。

・家中常備薑茶

在一些中國古裝戲劇中，常常看到有人淋了雨，長輩立刻要人準備一碗薑茶給淋了雨的人喝。這是非常重要的常識，一個人淋了雨，或受了風寒，無論他自己或旁人都知道他受了寒，就應該在這個時候喝薑茶，驅除寒氣，不是等到身體出現了症狀再行處理。

第五章

# 病和症

· 病和症的關係
· 現代醫學低估了人體的智慧

現代醫學最大的問題是：
低估人體的自身能力，
高估人類的知識能力。

（漫畫／鄭辛遙）

# 病和症

第一次眞正和中醫的接觸是由於我的牙齦經常發炎，牙齒浮起來，醫生認爲是牙周病，長期治療也沒什麼效果，於是建議我找中醫試試。朋友介紹了一個很好的中醫師，他一看就說我的問題出在大腸，而且我的血氣太差才會如此。只要養好血氣再治好大腸就能夠解決問題，後來我乖乖的早睡早起養血氣，一個月後牙齒就不再痛了，至今多年來，牙齦沒有再發過炎。

這個例子最能說明病和症的關係，牙齦發炎是症，血氣和大腸才是眞正的病。「症現於四肢五官，病存於五臟六腑」，是中醫最基本的道理。

「辯證論治」是中醫斷病的一個基本方法，醫生依據病人的症狀以及自己對醫學的理解和經驗，用推理的方法尋求疾病的根本原因，再就病因擬定治療的方法。由於中醫並不像西醫單就症狀治病，必需追根究底的推論疾病眞正的原因。

通常疾病的原因有好幾層。

再以坐骨神經痛爲例，患者經常是一條腿麻或抽痛，從中醫的觀點，首先必需了解病人疼痛部位和經絡的關係，通常這種疼痛的部位多半位於膽經，因此可以判斷是膽經痛。也就是不舒服的原因是膽經引起的，但這並不是最根本的原因，通常膽經的疼痛是源自於肺經，是肺熱引起的，也就是膽經的問題是第一層原因，肺熱則是第二層原因。而肺熱的形成則由於身體原本存在著寒氣，當身體的能量足以排除寒氣時，會使身體呈現肺熱的狀態。因此，寒氣才是更裡層的原因。

這個例子中，腿麻或抽痛是「症」，肺裡的寒氣才是「病」。疾病的診斷必需經過這樣一層一層的推理和分析，才能找出治療的方法，這就是所謂的「辯證論治」。

# 病和症的關係

在前一章寒氣的理論中，雖然寒氣的症狀會在身體各個部位出現，但醫生在辯證論治的過程中，必需理清楚身體排除的是那一個臟腑的寒氣。好的醫生必需有能力從患者四肢五官的症狀，讀出在五臟六腑裏的病，治療時對「症」下藥，不如對「病」下藥來得有效。

這類例子不勝枚舉，例如，一個鼻咽癌患者，其病因卻是來自他早期曾經得過嚴重的腸胃感染。頸部是**大腸經**經過的部位（圖九），這條經絡由於大腸

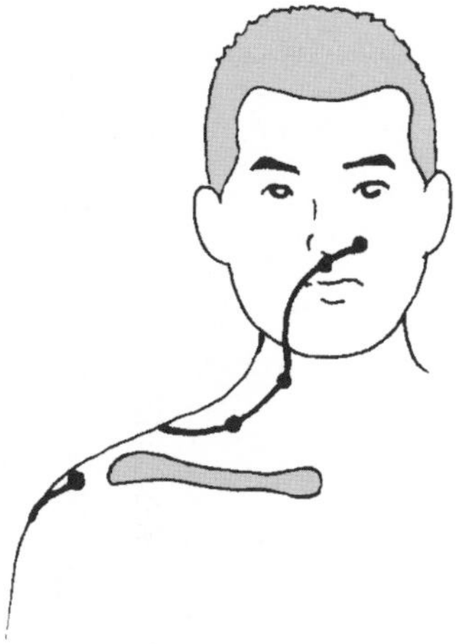

圖九：大腸經

的問題而堆積了許多廢物，患者多半頸部粗大，從西醫的「頭痛醫頭，腳痛醫腳」邏輯來看，這些廢物長在咽喉附近，就定為鼻咽癌。也始終在鼻咽附近尋找可能的病因，通常都將之歸咎於抽煙引起的疾病，如果患者不抽煙，就將之歸類為二手煙的危害。其實癌症出現的部位是腸胃問題的結果，原因根本不在那裡。就算把那些癌症的物質全數割除，對於原因一點也沒有影響，如果患者在手術後並不改變其生活習慣，腸胃的問題得不到改善，疾病在不久之後還是會復發的。

腸胃感染有可能演化成各式各樣的疾病，如牙周病、過敏性鼻炎、鼻咽癌、肌無力、哮喘、粉刺……等。曾經有一個病歷，是一個患了紅斑狼瘡的小女孩，追根究底查下來，她的原始病因很可能是吃了大量生的黃泥螺。最奇特的是兩個精神病患者，居然也是起因於腸胃感染。

這些人除了記得多年前得過腸胃病以外，平常從來沒有腸胃不舒適的感覺，有的甚至從來不拉肚子，每個人都認為自己腸胃很好。

有幾個肺腺癌的患者，進行透視攝影時，在肺部會出現陰影，顯示這些陰

影的部位存在著異物，可是這些異物又不在肺臟內部，因此西醫就將之定名爲肺腺癌。

從中醫的觀點，在肺的外部兩側腋下的部位是**脾經大包穴**（**圖十**）的部位。從中醫的醫理對於這些異物的判斷是當脾胃中有病變時，經絡上的新陳代謝較差，容易堆積垃圾，時間長了就形成腫瘤，也就是影像中的陰影。這些腫瘤雖然長在肺的位置，但是並沒有長在肺的裡面，而是長在脾的經絡上，從中醫的觀點，應該是脾胃的疾病。因此，正確對策應該是針對脾胃進行治療，而不是在肺的問題上打轉。

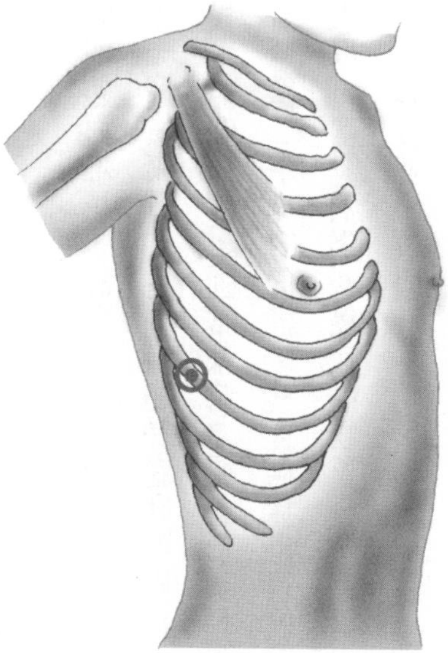

圖十：脾經大包穴

其實這些垃圾在人體到處堆積著，有些堆在身上，有些則堆在臉上。例如，堆在額頭上的人，顯現出很多的皺紋，那是大腸經經過的部位，耳朵前方偏下臉頰特別厚的人，則是小腸經的堆積。肺癌例子中的垃圾，只是堆到了重要器官的附近，經過醫生的誤判，就成了重病。

一個皮膚癌的患者，病灶在臉上生長的部位是胃和大腸經經過的部位，在調理的過程中，大腸經經過的手臂和小腿部位，經常出現發熱、發紅、發癢的症狀。過去也曾出現過這些症狀，醫生都將之判定爲過敏性皮膚炎，可是卻沒有任何藥物可以醫治，每次發作很癢時，只能忍耐著等其結束。當腸胃的病灶控制住了之後，新的癌變就不再長出來，再過一段時間，舊的癌變也跟著掉了下來。

提到症狀時，多數人都會想到一些如打噴嚏、流鼻水、皮膚癢、局部疼痛、長出異物或者嚴重的吐血、昏倒等身體上的明顯變化。其實各個臟腑中發生病變時，其相應的經絡也會出現各種症狀，多數的症狀都是沒有感覺，例如前面例子中的肺腺癌和皮膚癌的症狀，只是在身體裡堆積了垃圾，患者並沒有

任何不舒服的感覺。

實際上人體內臟的疾病，在外表都存在著各種症狀，一個好的醫生必需具備從患者的各種細微症狀中讀出完整的健康狀況的能力。

疾病，其實就是我們
平時生活的忠實記錄。

（漫畫／鄭辛遙）

# 現代醫學低估了人體的智慧

從中醫的觀點所看到的人體，是一個充滿智慧的機體，長期以來，我們一直低估了人體的智慧，高估了我們自己的知識。經常在沒有弄清楚人體在做什麼，就判定了它的無能，隨即我們用一知半解的知識冒然的進行干預，今日的許多疾病很可能是這些不當的干預行爲所造成的後果。

拜現代科技之賜，中醫最新的醫學研究逐漸使其理論顯現出科學的面貌，原來我們祖先的遺產並不是不科學，只是過去我們的科技能力無法證實而已。我們堅信隨著這些研究的進一步發展，有機會開創出基因研究以外，解決眾多慢性病的一條更有機會的新路。

人體內建的診斷維修系統，並不僅僅是西醫所說狹義的免疫能力，而是包含自我診斷、人體資源管理、自我修復及再生的完整醫療體系，這些系統工作的最基本條件就是必需具備足夠的血氣能量。

既然人體內建了自己的醫療體系，當我們生病時，應該先考慮讓體內的系統正常工作，而不是從外界直接介入調整，我們必需認知人體這些機能的存在，並能判別人體正在進行哪一種應變措施，以及它需要我們提供的是什麼樣的協助。

對於疾病的症狀，應該從狹義的不舒服症狀擴大到那些沒有感覺的症狀。並且對於不舒服的疾病症狀所尋求的也不應該是直接消除這些症狀，而是透過這些症狀找出疾病的眞正原因，徹底消除疾病的原因才是治療的最終目的。

第六章

# 日常保養

· 敲膽經

▼敲膽經是最佳的進補方法

· 早睡早起

· 按摩心包經

▼簡化的按摩方法

· 不生氣

· 保持腸胃的清潔

▼防止唾液的感染

▼不吃生的動物性食物

· 中醫的各種治療手段

每天一式三招，
血氣步步高。

（漫畫／鄭辛遙）

# 日常保養

既然血氣能量是人體最重要的健康指標，而人體又是自然界的產物，那麼必定存在著非常簡單的方法就能使血氣能量上升。我們從中醫的醫理，及自己長久的經驗中整理出了一套簡單的養生「一式三招」。

- ．敲膽經
- ．早睡早起
- ．按摩心包經

這個一式三招是需要努力去做的功課，除此之外，還有兩個重要的觀念。

- ．不生氣
- ．保持腸胃的清潔

一式三招和兩個觀念，都不是很複雜的功法，每天所花的時間不到二十分鐘，比較困難的是第二項早睡早起，其實多數人不明白睡眠的重要性，只要瞭

解了，就能夠逐漸調整。再依照這「一式三招」，自己很快就能夠發現身體的變化。

「敲膽經」和「按摩心包經」是需要每天各花十分鐘所做的自我治療的功課；「早睡早起」雖然不是什麼困難事，但卻是現代人很難做到的；「不生氣」是修身養性的功課；「保持腸胃的清潔」則是一種健康的生活習慣，這是一種觀念問題，觀念改正了，生活習慣自然會跟著調整。

這套方法只要持之以恒，使之成爲日常生活的一部份，不需要有太多的食物禁忌，是一種最簡單的養生方法。只要將這五件事經常銘記在心，血氣能量必定經常處於上升的趨勢，疾病將一天一天遠離，長壽、健康、長保青春是必然的結果。

這套方法不需要任何準備，就可以立即實施，只要試行一個月，即會發現身體的改變，可能精神或體力好些了，也可能體重略微增加，但人卻精瘦些了。是非常快速見效的一種方法。有些頭髮略白的人，試上一個月，就能發現白髮停止增加了，三個月後白髮開始減少。有些體力很差，經常很容易疲倦，

到醫院又查不出什麼毛病的人，在試行了這套方法三～四個月後，體檢時就可能出現血糖升高的糖尿病症狀，這些都是好轉的現象。至於糖尿病的問題，我們在慢性病的調養篇中會介紹其成病的原因和調養的方法。

就算不能嚴格實施這種生活方法，只要能接受這個觀念，生活習慣自然會慢慢改正，至少不會再任意透支血氣能量。許多朋友接受了這個觀念之後，到了該睡覺的時間，會互道「回家養血吧」。有時候不得不透支幾天的體力，也會找機會好好補睡回來。當自己連續幾天不正常的生活之後，都會不由自主的產生罪惡感，自動就糾正回來，只要能到達這個地步，身體就不容易壞到那裡去了。

# 敲膽經

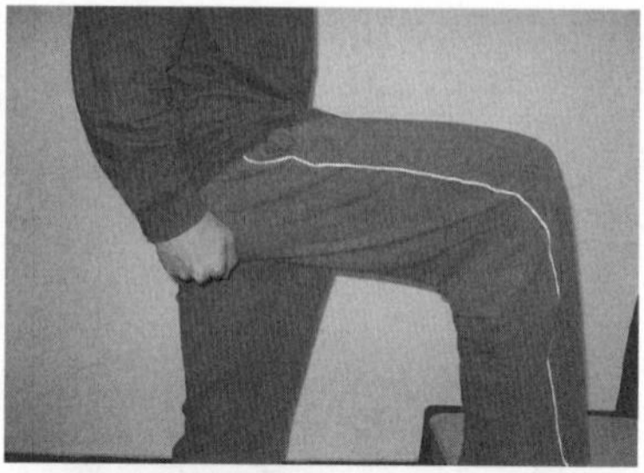
敲膽經第一下

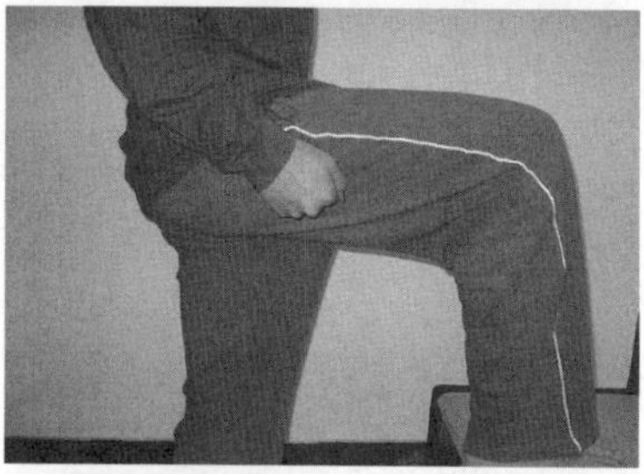
敲膽經第二下

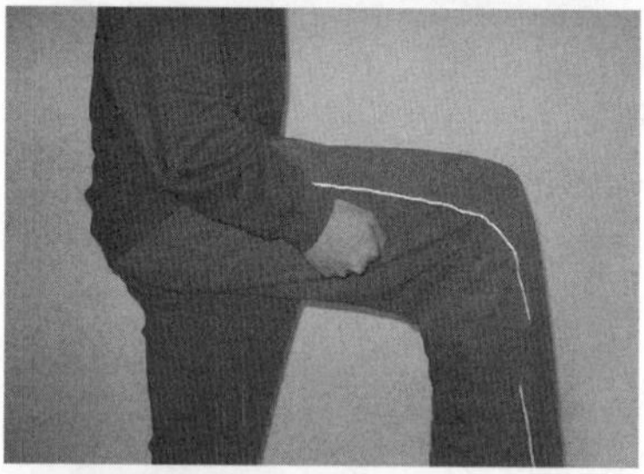
敲膽經第三下

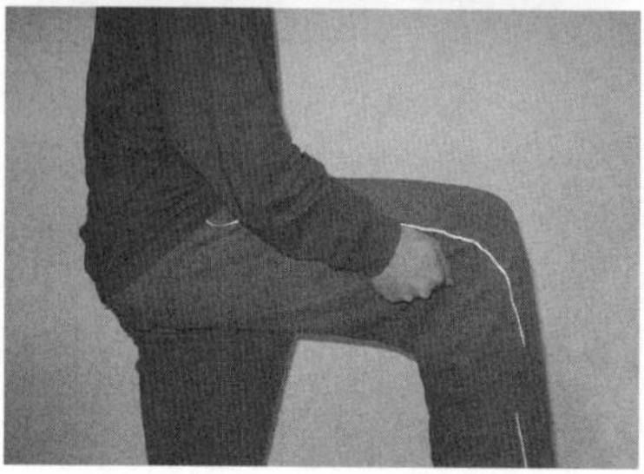
敲膽經第四下

如圖，每天在大腿外側的四個點，每敲打四下算一次，每天敲左右大腿各五十次，也就是左右各兩百下。由於大腿肌肉和脂肪都很厚，因此必需用點力，才能有效刺激穴位。敲膽經主要在刺激膽經，強迫膽汁的分泌，提升人體

的吸收能力，提供人體造血系統所需的充足材料。

由於敲膽經可以使膽經的活動加速，將大腿外側堆積在膽經上的垃圾排出，因此，敲膽經直接就會使臀部和大腿外側的脂肪減少，大約一至二個月就會感覺褲管變大了。

對於患有脂肪肝和膽結石的人，這個方法是最簡單而且最有效改善健康的方法。

在「人體的系統」章節中，說明人體的能量和血液總量成正比。自然界創造人體時，必定提供了人體良好的造血系統，在正常情形下每一個人應該都能造出足夠的血液。當人體出現能量下降的趨勢時，必定是人體某一個部份受到阻礙。因此，找出造血系統不能生產足夠血液的原因，再予以排除，使人體能夠正常造出足夠的血液，就能使人體的能量供應呈現上升的趨勢。

血氣能量就像電器產品的電能一樣，是健康最重要的基礎。人體造血有兩個最重要的條件，其中之一是需要人體準備足夠的材料，血才造得出來。

膽汁是從肝臟中分泌出來的，膽囊則是儲存及控制膽汁分泌的器官。人體

吃進去的食物，有一部份是由膽汁的化學作用，分解成人體造血所需要的各種物質。因此，如果膽汁分泌不足，則食物被分解成可供人體吸收的物質就不夠，當然也就不能提供人體造血所需的足夠材料了。

造成膽汁分泌不夠的原因，主要是現代人對感冒的處理方法上發生了問題。現代人由於長期使用西藥，在感冒的處理上，主要是針對疾病的症狀，採取壓制的手段，而不是眞正的把風寒排出體外。經常是利用特效藥將症狀壓下去，症狀是消除了，但是引起感冒的風寒卻留在體內。

膽經是一條從頭到腳的經絡，其中大腿外側是最容易被寒氣侵入的部位，也是膽經最容易積存寒氣的部位，由於寒氣的積存會使這個部位的經絡流動不通暢，因而使這個部位附近的組織所排泄的廢物難以排出，長時間累積的結果，自然使得整條膽經都不暢通，膽的機能也就難以正常運行。同時這段膽經敲打起來最為順手，因此建議每天適當的敲打膽經。

敲膽經會直接刺激膽汁的分泌，這是治標的方法，沒有立即解決膽或肺的問題，只是直接刺激膽經強迫膽汁分泌，使人體能夠生產足夠的造血材料，血

氣便能逐漸上升。

肺和膽的問題必需等到身體的血氣很高才能完全解決，那需要很長的時間。因此建議最好將這個運動養成終生奉行的習慣，每天只要十分鐘不到就可以完成了。

膽功能不好的症狀很多，最明顯的就是白髮，這是由於人體的能量不足所致，中醫有一句話：「髮乃血之末」，由於營養供應不足才會造成白髮。油性頭髮也是另一種症狀，這是由於膽汁分泌不足，無法有效分解吃進去的油脂，加上肝熱的因素，就從頭髮排出油了。

## ·敲膽經是最佳的進補方法

早期人類的運輸工具不發達，特別是沒有運輸食物的冷藏設備，多數人終其一生，只吃居住地周圍二、三十公里範圍的食物，每一個人都或多或少有些偏食的問題。因此，在那個年代的醫生，最重要的就是讓患者吃到一些平時吃不到的食物，藥物和進補在那個時代能夠發揮很大的治病功效。幾千年下來，

人們的經驗累積，使得多數人一生病就會想到必需吃藥或進補。

現代運輸工具發達，多數人在吃的方面，無論多遠的食物，都可以成爲每天的日常菜餚。只有少數人有偏食的不良習慣，才會有營養的問題，多數人並沒有因吃的食物不夠而營養不良。

雖然現代人營養都吃進去了，但是由於膽功能不好，使得人體的吸收能力很低，吃進身體的食物常常因爲無法吸收而直接排出，在這種情形下吃再好的補品也是沒有多大作用的。

不同時代的人，疾病的形態不同，進補的方式也不一樣。從現代人的食物來分析，問題並不是現代人缺少了什麼，而是吃進去的食物能不能被吸收。因此，生病吃藥或進補並不是完全必要。對多數現代人而言，與其經常進補，還不如每天敲敲膽經來得對身體有益。

# 早睡早起

前一節敲膽經的功課，使人體可以生產足夠的造血材料，這一節正確的睡眠則提供人體足夠的造血時間，兩者俱全，人體的造血機能就能夠正常工作，血液總量就會逐漸增加，血氣能量也就逐漸提高了。

有了足夠的血氣之後，不但能改善人體的肥胖狀態，還能使皮膚的新陳代謝加快，皮膚會愈來愈光滑，膚色也會愈來愈健康。血氣夠了，皮膚就會出現血色，臉上自然會呈現白裡透紅的氣色。同時嘴唇也會自然紅潤。血氣提升之後，腦部的供血增加，使人更聰明，反應更快。無論讀書或工作，都會更得心應手。

「早睡早起身體好」是我們從小就被反覆教導的良好生活習慣，可是現在每當建議朋友晚上最好十點鐘睡覺時，百分之九十的朋友的回答都是「那怎麼可能？」。只有那些已經得了不容易醫治疾病的朋友，才會排除萬難，勉強實

施這個從小被教育的生活習慣。

人體造血的最佳時段，是從下午天黑之後到午夜一點，而且必需達到深度睡眠的狀態。因此，建議每日至少保持在午夜十二點以前，累計共有八個小時睡眠。

「日出而作，日落而息」，是遠古以來人類的生活習慣。幾萬年來，由於沒有電力，夜間幾乎無法活動。近代電燈的發明，加上電視和電腦的出現，以及夜生活愈來愈豐富，睡覺的時間愈來愈晚。古時候，「三更半夜」是形容很晚的深夜，除了少數作奸犯科的壞人以外，一般人幾乎很少在這個時候還在活動的。但是現代的多數人幾乎都是不到「三更半夜」不上床。

汽車在使用一段時間之後，必需進行加油和保養。同樣的，人體也是在使用了一段時間之後，在休息時進行加油和保養。人類早期，並沒有電燈，在天黑以後，一定進入睡眠狀態，和目前多數的野生動物一樣。因此，這些加油和保養的工作，必定排在夜間人體睡著之後進行，而時間的控制很可能就用太陽的磁場變化來做爲定時的控制裝置。「日出而作，日落而息」是人類的最原始

作息方式，任意修改這個作息方式，必定會爲健康帶來重大的影響。

正常的睡眠提供人體足夠的造血時間，將吃進去的養份轉化爲人體可以儲存及使用的血液或其他形式的物質。根據我們的經驗，如果每天晚上十一點睡，加上前一章的敲膽經改善營養的吸收，血氣至少可以保持平衡，而且有很少部份的餘蓄，如果十點睡，就可以使人體的血氣形成上升的趨勢。

由於血氣能量可以用血液形式存於人體內，可以儲存也可以透支。因此當我們有時候不得不有一兩天晚睡的時候，可以在其他的日子裡早點睡，把不足的睡眠補回來。

睡眠時間不對是現代人生病的最主要原因之一，對於這個原因所造成的疾病，解決之道也只有在正確的時間裡將不足的睡眠補回來一途，沒有任何藥物可以替代。

當做到敲膽經和早睡早起的功課後，人體的血液會很快增加，這些血液會充盈於人體的臟器，人的體形不一定會變胖，但是體重一定會增加。

原來血氣能量很差的人，依照這種方法調養，有可能在一個月內增加一公

斤左右的體重（增加的重量主要來自於增加的血液）。這是人體血氣能量提升，走向健康的一種現象，並不需要因體重增加而放棄了這個方法，這部份的重量增加和肥胖並沒有直接的關係。

因此，建議讀者在開始利用這本書所提供的方法之前，先量量身體某些部位的尺寸（那些您擔心發胖的部位），等體重升高後，再來做比較。了解到底增加的是內部的血液或者是外部的脂肪，不要受到體重計的愚弄。

看電視所用掉的大多數是造血時間。

（漫畫／鄭辛遙）

# 按摩心包經

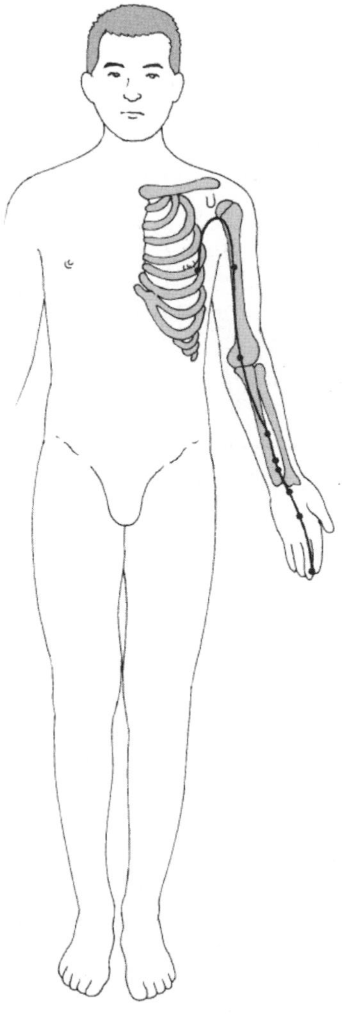

圖十二：心包經位置圖

在心包經的穴位進行按摩，在圖中所標示的位置附近尋找穴位，找到了穴位，稍用力壓就會感到明顯的痛感。每天在每個穴位按摩二～三分鐘。

除了心包經之外，應再按摩任脈的**膻中穴**（**兩乳之間**）（**圖十三**）和**膀胱經的崑崙穴**（**外側腳踝後方**）（**圖十四**），其中崑崙穴的按摩應在按摩心包經

之前實施，這樣比較容易將過多的心包積液排出。

這個方法最主要的功效，在於消除心臟外部的心包積液，解除心臟所受不必要的壓迫，使心臟的正常功能得到發揮，有能力將血液輸送到身體各個部位，將堆積的廢物帶走。

過多心包積液的去除，可以減少許多人體的不舒適，例如胸悶、心悸、呼吸不順暢、手腳無力、肩背酸痛、心律不整等，這是最快見效的方法。這個方法可以提升人體的免疫力，感冒發燒時，配合其他

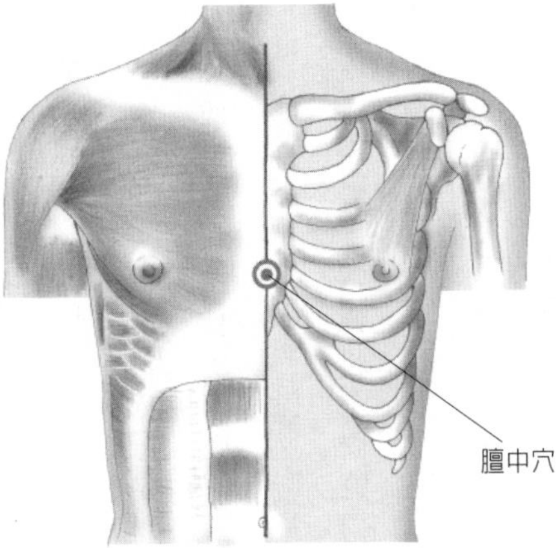


圖十三：膻中穴

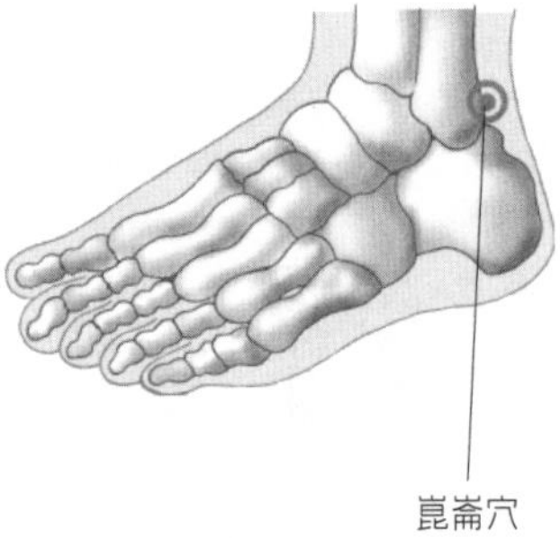


圖十四：崑崙穴

穴位的按摩，是最好的退燒方法，特別是小孩發燒，又不想服用太多藥物時，這是最好的選擇。

心包經在中醫裡是一個獨立的經絡，許多病症都和這個經絡有關。從解剖學來看，心包是心臟外部的一層薄膜，和心臟之間有部份體液，做為心臟和這層膜之間互動時的潤滑劑。

在某些情形下，會使這些體液增加，使得心臟的活動受到影響，心臟泵血的能力也就減弱了，供給到身體各個組織的血液也相對的減少，是肥胖形成的主要原因之一。因此，按摩這個經絡是減肥首要的工作。

從中醫五行理論，心屬火，脾屬土，火生土。心臟的能力提升，也能夠同時強化脾臟的能力。脾臟是人體免疫系統最重要的器官，因此按摩心包經可以提升人體的免疫能力。多數疾病，按摩這條經絡都能對身體有很大的幫助。

心包積液的形成，主要是身體中出現了疾病，脾臟將主要能力用來和疾病對抗，就將運水的工作暫時擱置，心包中的廢水就積了下來。由於人體多數的維修工作都在夜間睡眠時進行，因此多數的積液情形會出現在早上，通常到下

午就退去。

但是當疾病嚴重時，人體會不停的和疾病對抗，這時積液就會長時間不退，使得心臟的機能減低，脾臟對抗疾病的能力也跟著下降，進一步惡化心包積液的情形，形成了惡性循環。這時人爲的按摩心包經可以快速將心包膜中的積液排除，提升心臟的能力，幫助脾臟打贏這場戰爭。

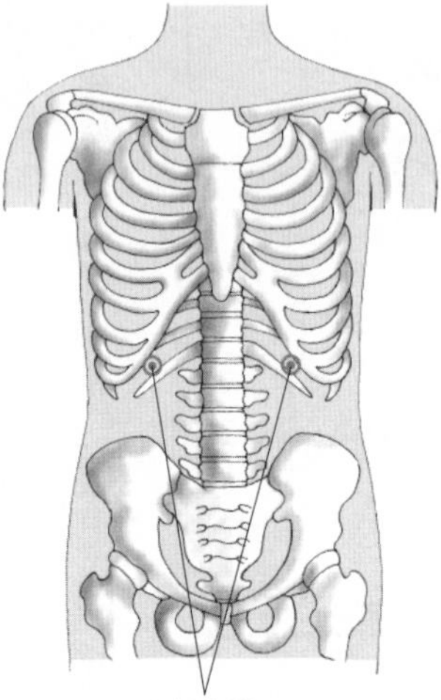


圖十五：按摩心包時聽水聲的位置

按摩這個經絡的穴位時，在人體胸前肋骨的下方（如圖），可以聽到流水聲的變化。在按摩前先聽其聲音，按摩穴位時再持續監聽，就能比較其差異。經絡不通時這個部位是沒聲音的，按摩一段時間就能聽到一些液體流動聲音。

## ‧簡化的按摩方法

雖然整條經絡的按摩，能夠得到最好的效果，但是在日常生活中，有時並不能坐下來好好的按摩，而身體又正好不舒服，例如，暈車或暈船時，或平常突然感到胸悶、氣喘不過來，手腳無力等。這時先按摩兩腳膀胱經上的崑崙穴，再按摩胸口任脈的膻中穴，就能很快使症狀得到緩解。

發怒時身體會產生氣，
所以稱之為生氣。

（漫畫／鄭辛遙）

# 不生氣

不知道從什麼時候開始，中國人把發怒說成「生氣」，從小到大一直用這個名詞。學了中醫之後才曉得原來人一發怒，真的會在體內產生往上衝的「氣」，嚴格說來「生氣」根本就是一個中醫的名詞。

不單是人會生氣，多數的動物也會生氣，動物生氣之後接下去就是打鬥，因此，生氣是打鬥之前身體的準備動作。身體透過「生氣」調整內分泌，使身體達到打鬥時的最佳狀態。

動物的生氣有點像一個國家的備戰一樣，當一個國家面臨戰爭威脅時，會立即進行備戰，將大量的資源投入戰爭的準備中。一旦戰爭威脅消失，這些投入的資源多數成爲廢物。就像前蘇聯解體之後，必需花費很大力氣處理各種洲際飛彈和坦克一樣。

動物的生氣和國家的備戰一樣，身體將許多資源進行調整，讓身體的配置

進入戰鬥的預備狀態，準備應付接下來的戰鬥。一旦狀況消失，這些調整的資源就成了廢物，必需排出體外，或花費力氣將之改變回來。因此，生氣就像國家的戰爭一樣，會大量消耗資源，非常浪費身體的血氣能量。

《黃帝內經》靈樞篇中對疾病的原因有一段說明：「夫百病之所始生者，必起於燥濕寒暑風雨，陰陽喜怒，飲食起居」，我們的老祖宗很早就明白生氣是最原始的疾病根源之一，不但浪費身體的血氣能量，更是造成人體各種疾病的一個非常重要原因。

和多數的疾病一樣，長期生氣會在人的身上留下痕跡。從外表看經常脾氣火爆、處於發怒狀態的人，多數會造成禿頭。嚴重的還會使頭頂的形狀改變，頭頂中線拱起形成尖頂的頭形。生氣的程度輕一點的，則會在額頭兩側形成雙尖的M字形的微禿，這種人脾氣一定急燥。

從中醫的角度來分析，發脾氣時，肝氣會往上衝，直衝頭頂，所以會造成頭頂發熱，久而久之就會形成禿頭。嚴重的暴怒，有時會造成肝內出血，更嚴重的還有可能會吐血，吐出來的是肝裡的血，程度輕一點的，則出血留在肝

內，一段時間就形成血瘤。這些聽起來很可怕，可是卻是眞實的情形。

所謂的生氣並不單指發出來的脾氣，有些悶在心裡的生氣也會對人體造成傷害。生悶氣會使得氣在胸腹腔中形成中醫所謂「橫逆」的氣滯。婦女的小葉增生和乳癌很可能都是生悶氣的結果，而且多半是生異性伴侶的悶氣。

另外一種情形是有氣無處發的窩囊氣，這種人外表修養很好，好像從來不發脾氣，其實心裡經常處於生氣或著急的狀態。這種人也很容易形成橫逆的氣滯，造成十二指腸潰瘍或胃潰瘍，嚴重的會造成胃出血。這樣的人，額頭特別高，也就是額頭上方呈半圓形的前禿，是最大的特徵。發病時鼻翼兩側會出現紅暈，略紅時僅是潰瘍，非常紅時就可能出血了。

從中醫的五行理論，認爲肝屬木，脾屬土，木剋土。肝氣太盛時會使脾臟也跟著旺起來，如果血氣很旺盛的年輕人，這時會產生許多白血球，去處理腸胃的問題，很可能一些年輕白血病患者的眞正病因根本就是來自生氣。

生氣會造成肝熱，相反的，肝熱也會讓人更容易生氣。從中醫的觀點，怒傷肝，肝傷了更容易發怒，兩者會互爲因果而形成惡性循環。這種惡化會愈來

愈嚴重，也愈來愈難改變習氣。最終只有這個人大徹大悟，真正下決心徹底改變時，才有機會回頭。

這是上帝設計用來修煉人性的方式，幾乎所有的習氣都是類似的邏輯。例如，悲傷肺，肺傷了更容易悲；憂傷脾，脾傷了更容易憂，就走上憂鬱症的死胡同裡。

當人體長期透支體力，使血氣下降到陰虛火重的水平時，由於這時的人體使用的能量是透支的「火」，肝必定比較熱，肝火也較旺，人就很容易生氣。因此，調養血氣，使血氣上升超越陰虛的水平，也會使人脾氣變得比較平和。

暴怒也會造成肝熱，繼而使肺也跟著熱起來，就會造成嚴重的失眠，我們曾經遇到一個五天五夜無法成眠的人，就是生氣造成的。

在醫院中身體虛弱的病人，有時一生氣就會造成生命的危險。例如，痰比較多的病人，一旦生氣會使痰上湧，造成嚴重的氣喘，一不小心就窒息死亡。

由於生氣會使身體造成許多問題，因此，日常保養的第一件事就是要求「不生氣」。所謂的不生氣並不是把氣悶住，而是修養身心，開闊心胸，或者尋

求一種宗教信仰，使得面對人生不如意時，能有更寬廣的心胸包容他人的過錯，根本沒有生氣的念頭。如果生活或工作的環境讓人無法不生氣，那只有轉換環境一途。

生氣是一個人內發的因素造成的，再好的醫生也無法防止病人生氣，因此，這個問題只有病人自己修養才有機會克服。

醫生只能在病人生氣之後，設法將生氣造成的傷害減到最低。做法是按摩或用針灸肝經。最簡單的方法，就是生了氣後，立刻按摩腳背上的**太衝穴**（圖十六），可以讓上升的肝氣往下疏泄，這時這個穴位會很痛，必需反覆按摩，直到這個穴位不再疼痛爲止。也可以在生氣的當天找一個針灸醫生，在太衝穴

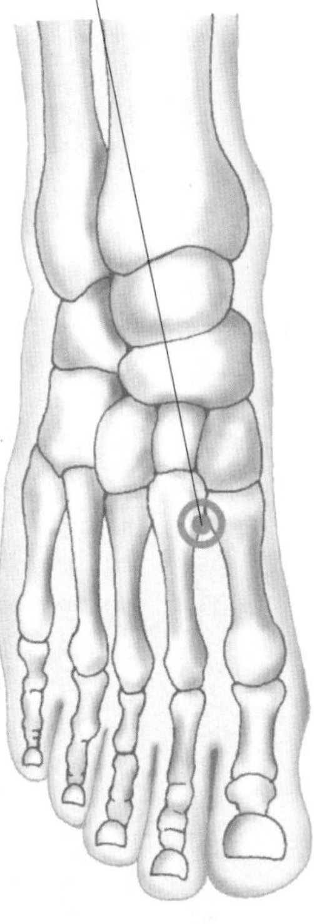


圖十六：太衝穴

扎針，隔兩天再扎一次，直到這個穴位按起來不再痛，頭頂也不再發熱爲止。或者吃些可以疏泄肝氣的食物，如陳皮、山藥等，也很有幫助。最簡單的消氣辦法則是用熱水泡腳，水溫控制在攝氏四十至四十二度左右，泡的時間則因人而異，最好泡到肩背出汗（在室溫攝氏二十五至二十八度），有的人需要半小時，血氣低的人有時要泡兩個小時。

如果由於生氣而在肝裡留下了血瘤，那就需要很長時間的保養，當血氣能量很高時，身體才會開始處理這個問題。

一些朋友明白了生氣會有這麼嚴重的後果，就再也不敢生氣了。生氣的實質意義是「**用別人的過錯懲罰自己**」，是人類最愚笨的一種行爲。因爲生氣造成死亡的人，中國人稱之爲「氣」死的，其實也是眞正「笨」死的人。

以目前醫學的診斷方法，很難定義病人的疾病是由於生氣造成的，也許將來有一天，可以做到這一點。到時候人們將會發現，生氣很可能是人類最主要的死亡原因之一。

佛經說：「世人多愚昧」，一點都沒錯，大多數的人是笨死的。

## 保持腸胃的清潔

腸胃的問題和多數的慢性病有密切的關係。許多嚴重的疾病，追根究底找尋原因，多數都是源自於腸胃的問題。例如，鼻咽癌、淋巴癌、皮膚癌、肌無力、痛風……等。

在日常生活中隨處都能見到腸胃有問題的人，例如長不高的人、肥胖的人、大腹便便的人、很容易長粉刺的人、下嘴唇肥厚的人、容易流口水的小孩……等等，都是腸胃受到較嚴重感染的症狀。

這些感染主要來自兩個來源，一個是來自唾液的感染，另一個是食用不清潔的食物。

### ・防止唾液的感染

有一種說法，小孩初生時，由於還有母親的抗體，所以不太會生病，也不

太會拉肚子，六個月之後，慢慢的這些抗體失去了效用，就開始愈來愈多病，也開始拉肚子。小孩經過一段時間的疾病的歷練，慢慢的會培養出抵抗力來。

從這個說法演變下來，就有些人認爲小孩吃東西太注重衛生，會使小孩沒有抵抗力。「不乾不淨，吃了沒病」是中國人的一句俗話，就是這種想法。

其實小孩在初生時，主要是吃奶，和成人的食物完全不同，當然也完全隔離，受到感染的機會很少。但是六個月之後，開始接觸成人的食物，也許是喝喝湯或一些流質的食物，這時就開始和成人接觸，很可能使用成人用過的餐具，受到成人唾液的感染。成人口中有上千種不同的細菌，由於是一點一點慢慢累積下來的結果，在成人體內已經形成一個平衡的狀態，雖然實際上充滿了細菌，表面上看起來並沒有疾病的症狀。但是幾乎完全潔淨的嬰兒突然接受這麼多的細菌，立刻造成很大的問題。

再大一些的孩子，長出了牙齒，可以吃的東西更多，開始和成人共桌吃飯，感染的機會也就更多了。特別是一些長相可愛的孩子，到左鄰右舍串串門子，大人都會拿些吃的東西給他，有時候甚至是大人吃了一半的東西，就給他

吃。孩子完全暴露在成人的唾液感染環境中。

感染的初期由於人體仍有強大的抵抗力，細菌一進入體內立即引發人體的防衛系統和細菌之間的大戰，隨即出現拉肚子甚至發燒的症狀。這時由於症狀激烈，大人們就以爲孩子的身體不好，抵抗力不夠。

隨著感染次數的增加，身體的血氣愈來愈差，抵抗力也愈來愈低，最終失去了抵抗能力，任由細菌長駐在體內，也就不再拉肚子了。這時不再出現有感覺的症狀，開始出現流口水，發胖等沒有感覺的症狀，大人們就以爲孩子的抵抗力增強了，可以抵抗這個世界的惡劣環境。

從表面上看，常常拉肚子，大家都認爲是抵抗力不好的現象，不常拉肚子，是腸胃好的現象，實際上卻是完全相反的結果。這類腸胃細菌的感染，最大的問題是當人體失去抵抗力後，再受到感染時，身體不再抵抗就不會有任何不舒服的症狀，完全沒有感覺，可是細菌卻在體內不斷增長，這些細菌會消耗人體大量的血氣能量。直到有一天人體血氣能量枯竭，才會以其他形式的疾病出現症狀，這時距離最早的感染時期，很可能已經是二～三十年或更久以後的

事了。

成人的唾液中含有大量的細菌，不但會對小孩的身體造成非常大的傷害，也會對成人造成傷害。中國人的飲食習慣是一家人共同在相同的餐盤中挾取食物，是非常不衛生的。因此，潔淨腸胃的第一件工作，就是改變飲食習慣，推行公筷母匙的飲食方式，特別是有小孩的家庭，這是保護兒童不受成人唾液感染的最基本條件。

當腸胃中有細菌感染時，每一種不同的細菌會在人體特定的部位駐留，當腸胃中有細菌駐留時，會在經絡上相應的部位造成阻塞，時間長了，就會形成垃圾的堆積。通常經過長期相處，相同一家人的身上都會擁有相同種類的細菌，經絡上就會在相同的部位堆積垃圾，慢慢的即便是沒有血緣關係的親人，長相也會愈來愈像。

有些人可能會認爲血緣關係是造成長像相似的主要原因，但是經常都可以發現沒有血緣關係的養子或養女，也和養父或養母愈來愈像。更常見的是一對夫妻，共同生活久了，就會愈來愈像，人們稱之爲夫妻臉。就是因爲腸胃中有

愈來愈多相同的細菌，造成多數阻塞經絡的位置愈來愈相似，臉面上垃圾的堆積情形也愈來愈相近，長相就愈來愈像了。說穿了，夫妻臉是代表夫妻體內有相同細菌的病相，一點都不羅曼蒂克。

## ・不吃生的動物性食物

生的動物性食物，是人體另一個細菌感染的來源，例如生魚片、半生不熟的牛、羊肉、醉蝦、醉蟹、沒煮熟的蝸牛或田螺、黃泥螺……等。

和人體唾液的感染相同，這些細菌在感染初期，如果人體有足夠的血氣，會出現拉肚子或其他的症狀，但是一段時間之後，人體失去了抵抗力，對這些食物不再有任何反應。這種現象有些人認爲是身體經過了這些鍛鍊，抵抗力增強了，所以能夠抵抗這些細菌。也有些人根本認爲這些食物中很乾淨沒有細菌。這兩種人多數會繼續食用，細菌就在體內長期繼續繁殖，一直到人體崩潰爲止。

和人體的唾液感染相同，這種細菌的感染，從感染到發病通常需要數十年

的時間，等到發病時，無論如何都無法和這些食物聯想在一起，多數都認爲吃了幾十年都沒事的食物，不可能會有問題的。

更有人認爲日本人吃了生魚片，幾百年都沒有問題，而且日本是先進國家，日本人又有潔癖，他們吃了都沒事。殊不知日本人早期之所以矮小，很可能就是由於長期吃食生魚片的習慣所致。今天的日本人腸癌、肺癌、鼻咽癌都偏高，這些癌症都和腸胃的感染有密切關係。

腸癌當然直接就長在腸子裡，肺癌中有很大的一部份是在肺部前方的位置長了腫瘤或癌細胞，這個部位從中醫的經絡來看，是長在大腸經別的部位，很可能也是大腸長期感染引起的。鼻咽癌的情形和肺癌類似，長異物的部位也是大腸經經過的部位，這些癌症都和大腸的感染脫不了干係。

腸胃是人體對食物的第一道警戒線，當人體吃進了不潔的食物時，最好的策略，就是把這些食物和細菌用拉肚子的形式排出體外。當一個人很久都不再拉肚子，並不是他的腸胃很好，而是已經麻木了。

# 中醫的各種治療手段

傳統中醫的治療手段，在古書中的記載是分爲砭、針、灸、藥四種方法。「砭」指刮痧和按摩的物理治療方法，是四種方法之首，可見是各種方法中最重要的方法。除了「砭」的治療效果可能特別好以外，由於它完全不需要特別的材料和工具，只要一雙手或簡單的刮痧板或瓷湯匙，甚至扁平光滑的石頭就行了。只要懂得醫理，隨時隨地都能爲人治病，是最方便的醫療方法，因此被古人將之列爲各種治病方法之首。

藥爲四種方法之末，主要可能是這種方法需要各種不同的藥材，不是隨時隨地都能具備的，因此被列爲治療方法中的下策。

一個好的中醫應該精通這些方法，視實際需要及資源狀況，選擇最好的方法爲人治病。但是由於「砭」的治療方法，醫生最耗體力，也最耗時間，最不容易賺錢，動手動腳的像在幹粗活一樣，形象並不是很好。而開方取藥，不但

能用最少時間、最少體力為人看病，也能維持醫生專業權威的形象。同時在藥材上也比較容易抬高價格，可以使醫生獲得較大的經濟利益。

多年演變下來，最終「以藥為主」的治療方法成為中醫主流，而各種「砭」的手段卻淪為民俗療法，正牌的醫師不屑為之，中醫的功效也大打折扣。有些以「砭」治療為主的疾病，就成了今天的不治之症，例如，重症肌無力（台灣所稱「漸凍人」，或神經元疾病）是最好的例子。

重症肌無力最早的成病原因多半是腸胃的細菌感染，加上血氣低落，使得脾臟的能力低下，無法清除人體的廢水，形成了心包積液長期過多，心包經長期阻塞，心臟能力長期低落。心臟是人體血液的泵，泵的能力不足，血液長期沒有能力進入肌肉組織。沒有血液的肌肉自然沒有力量，沒有血液中營養的供養，肌肉逐漸演變成萎縮的症狀，就形成了嚴重的疾病。

多數這種疾病的患者，都由於長時間的心包積液，使心臟外側堆積了太多的垃圾，形成一層厚厚的油脂，現代醫學稱之為心肌肥厚。這些堆積的垃圾需要不斷的清除，才能使之慢慢減少。

清除這些垃圾，當然首先需要身體具備足夠的血氣能量，因此，敲膽經和早睡早起是最重要的手段。當身體休養生息時，可以同時按摩心包經，使心包積液迅速清除，新的垃圾不再堆積，同時也能帶走部份舊的垃圾。

這就是本書中的一式三招的養生方法，只要不斷的重複這一式三招，有機會使心臟外側的垃圾清理乾淨，當然就有機會使肌肉的機能再度恢復。

百歲老人三字經：
敲膽經，早睡覺，壓心包，
不生氣，腸乾淨。

（漫畫／鄭辛遙）

生了病的人總想找到能夠藥到病除的靈丹妙藥，
卻不願意調整自己的生活習慣，去除真正的病因。

（漫畫／鄭辛遙）

第七章

# 減　肥

· 肥胖不是吃得太多，而是排得太少
· 心臟病是肥胖的原因
· 不同體形的肥胖，有不同的原因
· 腸胃問題是肥胖最主要原因之一
· 增加身體的能量，是減肥的第一課
  ▼減肥不是減重量，而是減體積
  ▼發胖是減肥必要的中間過程
  ▼原來就沒有肌肉的人，有可能減得太瘦
  ▼速成的減肥多數是將垃圾脫水
· 減肥實例

# 減肥

目前的醫學觀點，肥胖算不上是疾病，卻是許多人共同的煩惱。市面上有許多減肥的方法，但卻不是對每一個人都有效。有些人成功的減去了肥肉，不久精神鬆懈下來，人又胖了回去。

從這些現象看來，顯然現代醫學對肥胖的病理研究還沒有眞正理清楚。現代醫學對肥胖的理解是人體營養過剩時，身體會把多餘的脂肪貯存在皮下，於是就造成了肥胖，也就是肥胖所增加的物質是脂肪，是一種被儲存的能量。

這種理論的根據，主要是觀察一些冬眠的動物得來的。有些具有冬眠習慣的動物，在冬天到來之前會吃大量的食物，身體明顯的胖了起來，然後整個冬天都在睡眠狀態，身體就靠以脂肪形式貯存的能量支撑。

其實自然界中只有很少數的動物有冬眠的習慣，也許牠們的身體，設計時就具備了這種機能。但是人類顯然是沒有冬眠的習慣和能力，在設計時應該沒

有具備這種機能。同時人類當中許多胖子的食量並不多，反而許多瘦的人食量大的驚人，卻不見其將脂肪堆積在皮下，難道這種貯存能量的機能因人而異？

仔細觀察胖子身上的「脂肪」，當用手去「抓」、「捏」時，可以感覺那些多出來的「脂肪」是和身體分離的，似乎不是身體組織的一部份。當我們有機會檢查市場買來的肥豬肉時，可以發現其中的一部份肥肉是和其組織不連接的，可以輕易的用手將之分離，但是有一部份肥肉則是直接連接在皮下組織，兩者顯然是不同的。

有些人身上的脂肪瘤會變換位置，而且明顯的感覺到這些瘤和身體是分離的。也就是說這些多出來的物質，並不是人體的組織，而是組織間隙裡的物質。這些物質有可能是含有能量的營養物質，更有可能是身體無力排泄出去的垃圾。

這些物質所以被稱之爲脂肪，其實只是因爲從冬眠動物身上悟出的一點似是而非的道理而已，並不是眞有確鑿的證據。但是幾乎今天所有的減肥理論和方法都是從這個論點發展出來的，都在努力的防止「脂肪」的增加和消滅「脂

肪」。主要的方法都在減少能量的攝取，或者把脂肪消耗掉。

例如，控制飲食防止吃進過多的熱量轉化成脂肪；運動消耗脂肪能量；甚至手術直接抽取脂肪……等等，都是從動物冬眠的理論所發展出來的方法。

顯然這些方法並不是太靈光，許多人就算用了這些方法也無法去除肥肉，甚至連減少肥肉繼續增長都做不到；但是也有許多人就算不依照這種法則生活，也不會發胖。最大的諷刺是西方醫學最進步的美國，每年在減肥市場上花了無數的金錢，但是仍然無法扼阻肥胖人口的繼續增長，據最新的統計預測，十年後的美國將有超過百分之八十的過胖人口。這樣的發展更說明了整個減肥理論有非常重大的缺陷，很可能完全錯了。

仔細觀察年齡在臉上和身上留下來的痕跡，可以發現隨著年齡的增長，臉上和身上堆了愈來愈多的「東西」，這就像一幢老舊的房子，總是到處留下不可磨滅的痕跡一樣。如果那些東西是脂肪的話，是不是意謂著年齡愈大身體就貯存了愈多的能量呢？顯然這一點和實際的情形正好相反，身上堆積了愈少東西的人似乎體能更好一些。

# 肥胖不是吃得太多，而是排得太少

肥胖的真正原因很可能是當身體的血氣能量不夠，沒有足夠的能量將身體內部的廢物排出體外，這些排不出去的垃圾堆積在身體內部組織的間隙，隨著堆積垃圾的逐漸增加，人就慢慢的胖起來。

從這個邏輯來看，肥胖並不是能量過剩，身體將過多的能量儲存下來；反而是能量不夠，使身體沒有足夠的能量將垃圾排出體外。從能量觀點來看，兩者完全相反，前者是能量過剩，後者是能量不足。這樣的邏輯和傳統的認知幾乎背道而馳，但是卻能對各種肥胖的現象做出更合理的解釋。

許多胖子的食量並不多，還是不斷的發胖；經常聽到胖子抱怨，連喝水都會胖，有時這並非形容詞，而是真實的情況。許多體型瘦的人，吃再多食物也不會發胖。這兩種人的胖瘦和他們的食量並沒有直接的關係，吃得少的人發胖，吃得多的人反而不發胖。用能量貯存的理論不能解釋這兩者的差異，但是

用沒有能量排出垃圾的理論，就很容易解釋這個現象。

細胞是身體的最底層組織，每一個細胞都會獨立的吸收營養和排泄垃圾，細胞中所排出來垃圾的必需隨著體液的流動，經過微血管回到靜脈，再經肝、腎的過濾排出體外。如果其中任何一個環節發生問題，就會造成垃圾無法正常排泄，因而堆在細胞和細胞之間的間隙。初期份量不多，垃圾會懸浮在組織液中，隨著時日的增長，垃圾愈來愈多，整個人體的重量和體型都愈來愈大。這些顆粒原來還呈液體狀，慢慢的懸浮的小顆粒愈來愈多，體積也愈來愈大，最終形成塊狀的固體，從外表觸摸起來硬硬的很結實，很多人還以爲自己變結實了呢！

# 心臟病是肥胖的原因

身體內部所有液體的流動，最主要的動力就是來自心臟的搏動。因此，造成細胞垃圾堆積的最主要原因必定是心臟的問題。有兩則由統計分析得出的肥胖邏輯：一是肥胖的人容易得心臟病；二是隨著經濟的改善，飲食也跟著改善，營養過剩成爲肥胖最主要的原因。多數人都同意這兩個邏輯，但是眞的是如此嗎？

先從肥胖的人容易得心臟病談起，中醫和西醫對疾病的認定有很大的差距。以心包積液爲例，西醫必需等透視照片的證據確認了心包積液高出了標準才能確認疾病的存在。但是中醫從把脈中的沉脈現象可以立刻得知心包積液過多，通常這時就算用最進步的儀器檢查，都不會被認定心臟有問題。可以說，在心臟疾病的認定上中醫遠較西醫敏感得多。

從中醫的觀點，大多數肥胖的人，心包經都是阻塞的，而且這種阻塞的情

形通常都在他還沒有眞正肥胖的時候就出現了。實際的情形是由於心包經的阻塞（心包積液過多），使得經絡中的組織液流動出現了障礙，導致垃圾的堆積，長時間的垃圾堆積最終才形成了肥胖。心包經阻塞的人隨著身體血氣的愈來愈低，排不出去的垃圾愈來愈多，人愈來愈胖，同時心包積液愈來愈多，問題也愈來愈嚴重。心包積液過多引起的毛病，如心悸和心律不整也跟著愈來愈嚴重，因而被醫生檢查出心臟方面的疾病。由於肥胖的問題先被從外觀看出來，心臟的疾病過了很久才被查出來。從統計上看來大多數的胖子最終得心臟病的比例很高，因此，肥胖就變成了心臟病的原因，和從中醫理論所推論的結果「心臟病造成了肥胖」因果完全顚倒。

再談經濟能力提升，造成飲食過剩，最終形成的肥胖問題。其實在開發中國家的經濟能力提升期間，除了飲食改善之外，在家庭中的也增加了風扇、冷氣和冰箱等電器用品。記得小時候家裡剛有電扇時，夏天從外面玩得滿頭大汗，最開心的就是對著電扇猛吹。現代的孩子則進到冷氣房對著出風口吹冷氣，同時到冰箱裡拿一瓶冰的飲料，大口大口的灌進肚子裡。通常這種行爲，

家裡的長輩一定會制止，因爲他們認爲這會造成身體的傷害。

確實，滿頭大汗後，用這些人爲的冷卻方法是會對身體造成嚴重的傷害。當身體滿頭大汗時，正在排泄身體燃燒後所產生的垃圾，這時如果直接吹冷氣或喝冰水，會使身體主要局部的感覺器官很快冷卻下來，並且將這個信號傳送給大腦，告知身體已冷卻的資訊，身體隨即終止其原有排除垃圾的工作。但是實際上這種冷卻信號是外來的而只有局部冷卻，不是身體眞正完成了排泄工作後發出的信號。當身體將排泄垃圾的工作停止之後，那些還沒有被排出的垃圾則被留在身體裡。

更糟的是在人體滿頭大汗時，心臟是最熱的器官，需要不斷的散熱，當外界的冷氣或冰水打亂了身體的資訊，會使心臟的散熱工作也跟著突然終止，這種現象很容易造成心臟的嚴重傷害，心肌因散熱不及而受損，使心臟的運行受到影響。

營養過剩的問題並不一定是肥胖眞正的原因，冰水和冷氣的不當使用很可能是肥胖更主要的因素。今日美國人用盡各種減肥手段，而人民肥胖的比例仍

然不斷增長的現象，很可能和他們長期以冰冷飲料爲主要的水份來源，有非常密切的關係。

心包積液過多和心肌的疾病都會使得心臟的能力下降，進而造成身體體液流通的障礙，最終形成肥胖的體型。並非肥胖的人容易得心臟病，心臟病才是肥胖眞正的原因。

# 不同體形的肥胖，有不同的原因

中醫診斷學中的「望診」，是非常重要的方法，其中又以「望形」最重要。「望形」時所「望」的就是肥胖的體形，也就是各個經絡中垃圾堆積的狀態。例如，前面章節提過的膽功能問題，會出現大腿外側較胖或蘿蔔腿，即是「望形」的一種診斷實例。

全身性均勻的肥胖，是脾臟能力低下，無法把分散身體各部位的廢水送走所形成的。當脾臟把水送到了身體的中段，剩下的就是腎臟再把廢水排出體外。因此，當身體中段腰及臀部特別肥胖時，是腎臟能力低下無法把廢水排出去的症狀，堆在腎臟所在的區域的廢水和垃圾，最終形成這種中段特別肥胖的體形。

另外額頭上的皮下脂肪肥厚，以致於出現縐紋，主要由於該處是大腸經經過的部位，因此，可以斷言這個人大腸中的病灶較多；下巴兩側的臉頰肥厚，

也是大腸經的問題。其上方接近耳朵的部位較肥厚，則是小腸經的問題；正面臉頰，眼下及鼻子兩側較厚者，則是胃部的問題造成的……等等，都是依據經絡理論所建立的診斷方法。

並不是只有胖的人會有垃圾堆積，瘦的人就是健康而沒有垃圾堆積。實際上肺氣較弱的人，身體無法吸收水份，喝進去的水沒有分佈到各個器官就直接排出去。如果這個人同時也有脾虛的問題，身體上也會堆積許多垃圾，但是垃圾中的水份很少，多數的垃圾都處於失水的狀態，乾乾扁扁的，看起來不胖，摸起來很結實，黑黑瘦瘦的。

這種人一旦進行調養，當身體的血氣上升到了陽虛水平，開始有能力清除垃圾時，會很快的將垃圾充水，使它能在身體的組織間流動，以便將之排出體外。因此，這個人會在很短的時間裡，體重直線上升，體積也快速膨脹。我們就曾遇到過這樣一個例子，病人在短短的幾個月內，重了十幾公斤，手臂也粗了許多。從一個黑黑瘦瘦的人，變成了白白胖胖的。

# 腸胃問題是肥胖最主要原因之一

當脾臟的能力不足時，心包容易產生積液，使得心臟的能力降低，心臟是人體血液的幫浦，當幫浦的揚程不足時，無法把血液順暢的輸送出去，整個身體的活力都降低，人體經絡中的體液不易流動，廢物就無法排出了。

造成脾虛最主要的原因，是身體的維修系統工作過於勞累，人體在受傷或受到細菌的侵入時，會出現這種現象。人體最容易受到細菌感染的部位，當然是最髒的腸胃了。由於脾虛的體質多半形成於幼年時期，許多疾病的根源都和幼年的生活習慣有直接而密切的關係。

前一節談到的兒童腸胃感染，會使幼兒形成脾虛的體質，心包經經常阻塞，慢慢的愈來愈胖，而且容易流口水，這些「現象」其實是脾虛的眞正症狀。從中醫理論，脾虛時會出現「脾不束肌」的症狀，嘴唇的肌肉沒有力量，幼兒又不像成人會有意識的加以控制，就容易流口水了。

這些容易受成人唾液感染的幼兒，多數是比較受到成人疼愛的孩子，才會經常被餵食成人接觸過的食物。當其逐漸發胖，加上流點口水，更顯得天眞可愛，得到更多成人的疼愛，當然受到的感染也就愈多。

那些經常在社區裡串門子的可愛孩子，多數長大之後都成了胖子。而且這些孩子由於從小就處於血氣能量不足的狀態，日後也不容易長得太高，而形成矮矮胖胖的體型。這是最典型的「愛之適足以害之」的例子。

這些幼兒的腸胃問題，有輕重之分，比較嚴重的人，在很小的時候就成了小胖子；比較輕的人，一直到了年紀較大時，才變成爲胖子；有的甚至到了中年才開始發胖。

# 增加身體的能量，是減肥的第一課

從肥胖是能量不足的的觀點來看，當人體的血氣能量不夠時，人體為了節省能量的支出，會減少一些比較不重要的工作，垃圾的排泄是第一個被擱置的，因為這些垃圾暫時不清理，並不會對人體造成太大的傷害。

從「能量不足是肥胖的原因」的觀點所發展出來的減肥方法，當然和大家熟知的「能量過剩是肥胖的原因」的方法有很大的不同。原來運動、節食、熱量控制的手段，多數是消耗能量的方法，減少身體的總體能量。而在新的觀點看來，垃圾排不出去主要是能量不夠，這些方法會使能量更低，是反其道而行的。因此，減肥時不應該減少身體的能量，反而要增加身體的能量。

在經絡研究中，發現經絡是人體血管系統外的另外一個體液流場，這個體液流場負責將營養運送到細胞周圍供細胞吸收，同時也將細胞所產生的垃圾帶走。因此，經絡不通是垃圾堆積的另一個重要原因。

傳統的減肥方法中，運動具有強化心臟、疏通經絡的功效，因此仍然能達到減肥的目的。運動還有另外兩個好處。一是會大量消耗人體的能量，造成身體的疲倦感，使得晚上的睡眠品質得到改善，也會增加睡眠的時間。二是運動消耗了大量的能量後，也會增加食物的攝取量。因此，運動眞正提升人體能量的功效，是其後續的飲食、休息和睡眠增加，以及因運動而使經絡暢通，身體機能正常，產生了更多的血氣能量。

綜合上述結果，表面上肥胖的原因有二，一是能量不夠，二是經絡不通。其中經絡不通和能量不夠有密切的關係，肥胖的人能量不夠的原因，主要是風寒的問題所造成的吸收障礙，當然還有睡眠習慣的問題。利用一式三招養生法是減肥最簡單的方法，也是養生最重要的功課，完全順應人體自然運行規律。

在減肥的過程中，身體會出現許多變化。這些變化用目前普遍的觀念來看，很容易產生誤解，因而採取了不當的措施，這些措施經常會終止了身體的減肥過程。因此，在這裡列出幾種可能發生的現象，以及其正確處理方法。

## ・減肥不是減重量，而是減體積

由於在養生過程中體內的血液總量會逐漸增多，也使得人體的骨髓和內臟中的含血量相對提高。這部份的重量改變並不會使人更胖，但會使體重增加，在目前以體重來衡量減肥成效的方法中，很容易被誤以爲又發胖了。

有了這部份增加的血液也就是血氣能量，人體才有能力排除積存在體表的垃圾，這些垃圾的排除，會使體積減小，才能眞正達到減肥的目的。

這時體重的變化必需考慮血氣上升時增加的血液重量，再減去被排出去的垃圾重量，如果增加的血液重量大於排出去的垃圾重量，則會出現「人瘦了，體重反而增加」的結果。由於血液的比重大於一，而垃圾的比重只有血液的百分之七十比較輕，這是非常可能出現的結果。因此，減肥不能用體重來衡量成效，必需眞正的測量體積。

## ・發胖是減肥必要的中間過程

人體的垃圾主要是從身體的各個部位，透過經絡和血管的網路系統輸送，

再由相應的臟器處理後排出體外。身體內部的垃圾，除了在消化系統中的食物殘渣，會從腸道中以大便的形式排泄之外，其他非消化道中的垃圾必定以液態的形式從小便或汗液中排出體外。

成年人的減肥，因脂肪堆積太久，逐漸形成顆粒或結成板塊，使得這些垃圾無法順利透過人體運送垃圾的通道排出體外，身體必需先將這些固態垃圾充水，使之稀釋成較小的粒子，再隨著體液的輸送從小便或汗液排出體外。

在垃圾充水的過程中，會使人先行發胖，體重快速增加，等到垃圾排出去了再瘦下來，許多人一休息就發胖，就是人體休息時血氣增加了，立即進入充水過程。在充水過程時，會喝大量的水，小便並不見增多，但體重卻在很短的一兩天內迅速增加一至三公斤；當排出垃圾時，雖不喝水也會有大量的尿液，同樣的也在一兩天內迅速的減少一至三公斤。

通常皮膚愈黑，不常運動，但身體卻很結實的人，表示脂肪堆積的情形也很嚴重，由於是肺虛的體質，使大多數垃圾的含水量偏低。因此，在身體調養過程中更容易出現大量充水的現象。由於每次排出體外的垃圾有限，多數人都

必需反覆經歷相同的過程許多次，不斷重複胖胖瘦瘦的變化，才能達到減肥的目的。在這個過程中，可以發現原來很結實的部位，開始漸漸變得鬆軟，最後再逐漸瘦下去。

## ‧原來就沒有肌肉的人，有可能減得太瘦

當一直保持人體處於充足血氣狀況時，人體會將所有堆積的垃圾排除。如果原來缺乏運動，肌肉的體積太小的人，有可能一瘦不可收拾，甚至到了皮包骨的地步。

## ‧速成的減肥多數是將垃圾脫水

在許多減肥的廣告中都能看到，那些減肥的藥品可以在很短的時間就達到了減肥的目的，那些方法多數是利用脫水的方法，讓垃圾中的水份快速流失。

從中醫的理論，我們可以找到兩種讓人體快速失水的方法。一種是造成人體出現肺虛的症狀，會使人體減少各個組織的供水；另一個是造成肝熱的症狀，會使人體出現「肝逼腎水」的現象。換句話說，只要把肝和肺弄出毛病，

就能出現快速減肥的效果。這就像有些癌症患者，會在一個月之內失去十多公斤的體重一樣。

這種脫水的方法，由於垃圾仍在體內，仍然是身體急欲去之而快的東西。因此，當體力恢復後，必定還是得將之清出體外。於是只要身體轉好就立刻開始充水，人體就快速的發胖。這也就是多數的減肥方法，當停止了減肥措施後，很快就胖回來的道理。如果所用的減肥方法會對人體造成傷害，組織中會堆更多的垃圾，那麼胖回來之後，就會比減肥之前更胖。

傳統中醫疏通經絡的各種方法，包括針、灸、按摩以及疏通經絡的運動等，可以使身體經常維持在最佳運行的狀態，組織間的垃圾更容易去除，身體的各項機能也會更好，對身體整體的發展當然都是有益的，也都能使身體達到減肥的目的。這種減肥的方法，實際上是追求身體眞正的健康，身體健康了體內的垃圾自然去除，人也就瘦了下來。雖然需要的時間長一點，但是從此建立了良好而健康的生活習慣，只要繼續保持這種生活方式，不但不會再胖回去，同時再也不受各種慢性病的威脅。

# 減肥實例

有一個患者，從小就是肥胖的體型，因此，家人對他的飲食嚴格限制，越胖限制就越嚴，而且嘗試了所有可能的減肥方法，仍然控制不了他體重的上升趨勢，到了十八歲體重已經接近一百公斤了。

經過診斷，其實他並不如西醫所說的沒有病，只是單純的肥胖。他的一雙大腿內側脂肪堆積得極厚，走路時兩腿內側會互相摩擦，嚴重時會造成破皮。大腿內側是腎經通過的部位，腎經的垃圾堆積多，說明他的兩個腎的能力都很差。大腿外側脂肪也很厚，這是膽經的能力不夠所致。膽經能力不足，膽汁分泌一定偏少。這些都是明顯疾病的症狀，只是沒有不舒適的感覺而已。

由於長期的節食，營養不良，血氣能量太虛，以至於連身體內的垃圾都排不出去，在全身到處堆積了垃圾，也就是我們所看到的肥胖。因此，減肥的第一步就是要求他改善生活習慣，增加血氣能量。

首先，就是要改善生活習慣增加血氣能量，首先請他的母親，安排三餐正常的飲食，而且開始時儘量讓他吃營養好的食物，只要吃得下就讓他吃。這一點他非常開心，因爲從小他就沒有好好吃過。其次，要求將原來每天的晚睡習慣，改變成每天晚上八、九點就睡，只要時間許可，想睡多久就睡多久。任何時間只要有機會，而且想睡，就儘量睡。同時要求每天要做敲打膽經的功課，先這樣回去好好養一個月再來。

一個月以後，雖然不控制飲食，體重並沒有增加，也沒有減少。原來想盡方法的節食，都不能阻止發胖的趨勢，現在每天沒有限制的吃和睡，按照他過去的經驗以及傳統的觀念，他擔心一定會胖得更快，他的家人也都很擔心。實際上這個擔心的結果並沒有發生，一個月下來，體重沒有變化，患者初步相信，吃、睡和肥胖並不一定有直接關係。

接著教他的家人爲他進行經絡按摩，主要是按摩他的膽經和心包經。他的飲食還是沒有要求任何節制，繼續加強睡眠和定期經絡的按摩。三個月後患者明顯瘦了許多，在吃、睡完全放任的條件下，體重減少了八公斤。

這個患者，從小就有腸胃的感染，形成了脾虛的體質，進而影響心臟，使得心包上的油脂特別肥厚，加上能量一直不夠，母親從小就嚴格限制了他的飲食，使他根本吸收不到足夠的營養。血氣能量差，沒有能力處理垃圾，垃圾越積越多，人就越來越胖。越胖就越不敢吃，越不敢吃，血氣能量更差，垃圾就越排不出去，形成了惡性循環。

如果他母親從小不去管他，讓他想吃就吃，想睡就睡，可能他現在反而不會這麼胖。因此，減肥的第一步，首先要養足他的血氣能量，再利用經絡按摩，協助去除心臟外面肥厚的油脂，使心臟的搏動恢復正常的能力，讓皮下組織中的體液能正常流動。將垃圾逐步運出體外，人就會慢慢瘦下來。這種方法需要比較長的時間和正確的觀念，但是由於徹底的清除了垃圾，就達到了眞正的減肥。

慾望是健康最大的負擔。

（漫畫／鄭辛遙）

第八章

# 慢性病的調養



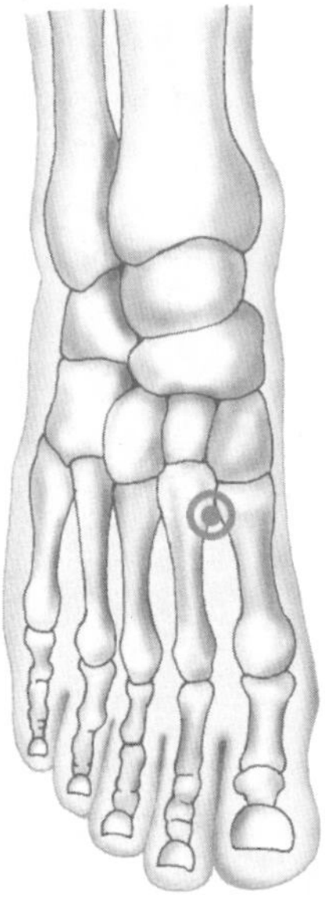

# 慢性病的調養

記得小時候，父親在四十歲時，患了風濕病，不能走路，當時我最深刻的印象是「那是一種不會根治的可怕疾病」，後來父親到了五十五歲時，又患了大腸癌。癌症意謂著死亡，當時對全家可是晴天霹靂，父親的工作是全家人唯一的收入來源，這種疾病會改變全家穩定的生活。父親幸運的度過了癌症的劫難，到了老年，又患了糖尿病。自從得了風濕病之後，父親就不停的吃藥，就像西方人的飯後甜點一樣，每餐飯後，總看到父親吃下各種顏色的藥。

這是父親一生中曾經罹患的疾病，也是許多人都會面臨的疾病。這些疾病都是常見的慢性病，每一個人放眼周圍的親朋好友，都會有人患上這些疾病。這些病最困擾的是沒有根治的方法，卻有一大堆的禁忌。一開始吃藥，就永遠不能停，從此就成爲醫院裡長期的病人。通常這些病人都是家庭的男主人或女主人，整個家庭就此蒙上永遠去不掉的陰影。

中國人有一句話「眞藥醫假病，眞病無藥醫」，這句話的眞義其實是說明眞正治療人體的並不是那些藥而是身體自己的能力。從人體外部的一個小傷口到內部臟腑裡的嚴重疾病，都是只有身體自己才能治。而身體治病的能力完全依賴身體是不是有足夠的血氣能量，和各個臟腑的運行是否正常；出現疾病時的時候，人體有沒能力對抗外來細菌或病毒的侵襲，有沒有能力把受損的器官修復。

大多數人都有一種經驗，在年輕時身上的小傷口很容易復原，隨著身體的老化和衰弱，傷口的自癒能力愈來愈差，需要更長的時間。這種現象就說明人體的修復能力和血氣的高低有密切關係。

人體在不同的血氣水平時身體的各種反應都會不同，就拿傷口的復原來說，大家都知道糖尿病的眾多症狀中有一個是傷口非常不容易復原，這就說明糖尿病的病人血氣非常低。

接下來的章節是針對我們有實際經驗的慢性病，從血氣能量觀點重新理解每一種慢性病的病理，再從中發展出治療方案。有一點必需聲明的是這些病理

是從血氣能量的觀點所做的分析，在未來還需要更多的實證才能成為眞正可用的方法，在這裡提供給讀者的目的，是讓讀者在選擇養生療法時，對於許多難以理解的狀況出現時，可以從另一個角度思考身體的變化。

在多數的科學領域中，都經過哲學、理論科學、實證科學三個步驟和方向的發展，互相影響推動整體的進步。例如物理學中就有理論物理和實證物理的區別。許多新的科技都是在理論出現許多年之後，才能走向實用。

在醫學領域，由於直接涉及人的生命，同時近代醫學最重大的進步都來自實證，因此實際上現代醫學並沒有理論醫學這門學科，僅有實證醫學，所有理論和方法都必需有實證才能被接受，所有實證都必需具備眼見為眞的條件。

解剖學是現代醫學最重要的根據，所有的理論都需要在解剖學中予以證實，也就是必需眼見為眞。由於人體有許多方面都和現代的電腦很相像，因此，這本書反覆用電腦系統來比擬人體，這裡再用一次。

我們都知道現在的電腦是由硬體和軟體組成的，如果我們不知道軟體的設計原理，直接解剖硬體是不可能找出軟體的眞相，也不可能修復一個完整的電

腦系統，甚至沒有任何證據可以證明軟體的存在。

人體的運行和電腦非常相像，電腦有硬體、應用軟體和系統軟體三個部份，人體也有身、心、靈三個部份，現代醫學也有愈來愈多的證據認爲這三者都可能是疾病的原因。無論是現代或未來高超的解剖技術，都不可能從解剖中找出心識和靈魂造成疾病的原因。就像解剖電腦無法證明軟體的存在一樣，解剖人體是不可能找出心識和靈魂存在的證據，但並不能就此否定心識和靈魂的存在。

單純的實證醫學是不可能發展出眞正能使多數慢性病痊癒的技術，現代的醫學體系必需儘快建立理論醫學體系，建立多種不同哲學觀點的理論系統，再從中進行大量的驗證之後，才有機會找出眞正能使慢性病痊癒的方法。

接下來的章節，即是以這種觀點所建立的初步理論模型。我們用這樣的模型指導患者進行調養，雖然沒有足夠的樣本，但成功的機會很高。

# 痛風的調養

在網路上的「醫療大百科」中對於「痛風」的成因和症狀的解釋如下：

◎痛風：

痛風是極普通的毛病，患者多為男性。

◎成因：

血液中散佈太多的尿酸會造成痛風，而原因可能是身體製造了過多的尿酸（如血癌類的惡疾），或是身體排除尿酸的速度不夠快（如腎臟出毛病的時候）。此外，使用利尿劑也會增加體內的尿酸。

◎症狀：

不論原因為何，只要血液內有太多的尿酸，它的結晶體就會落在關節處並

使之發炎，這樣到底有多痛呢？只要想像把一大堆針狀的尿酸結晶體丟入手肘、腳趾、手指、膝蓋或手腕處的關節內，然後試著去觸碰或轉動這些地方，您就知道多難受了。痛風無法根治。我們雖可以舒緩它發作時的疼痛，也能預防它再度發生，但是致病的根本原因卻永遠存在。

◎如何預防發作：

預防痛風發作的重點在於長期服用藥物來降低體內尿酸的含量。如果您體內尿酸太多是因為身體無法排除它，建議您服用sulfinpyrazone（Anturane），每天兩百至四百毫克，分幾次服用，它能幫助腎臟將尿酸排除在尿液內。阿斯匹靈會阻礙Anturane的功效，因此應避免兩者同時服用。如果尿酸太多是因為生產過量，我則建議您服用三百毫克的allopurinol（Zyloprim）錠劑一顆，來抑制尿酸的製造。身體接受Zyloprim和Anturane的程度大致良好，但是偶爾會有紅疹的情況發生，而且Zyloprim有時候還會影響肝功能，因此服藥期間最好每年定期去作驗血檢查一、兩次。如果這兩種預防性藥物還無法防止痛風發作，不妨每天再加上一至兩顆零點六毫克的秋水

仙素（colchicine），它對痛風引起的急性發炎關節有特別的效用。

◎禁食食品：

應禁食酒類、咖啡因、鯷魚、肉類及動物內臟，如腎、肝、腦、胰臟及碎肉飾等。一些會增加尿酸含量的蔬菜，如蘆筍及洋菇等也屬於禁忌品。不遵守以上飲食約束的人常得承擔痛苦的後果。然而即使再合作再謹慎飲食的人，痛風仍然可能發作，原因不外是壓力太大引起極度地焦慮、深恐要開刀，或是受了感染或是利尿劑的關係，或者根本毫無理由。

當一個初次被醫生診斷得了痛風的人，上網看到這樣的說明，相信一定會非常沮喪，居然染上一個不明原因，也沒藥可治的病，雖然要不了命，但痛起來要人命。最糟糕的是想到這個病將和自己共渡餘生，心情的低落可想而知。

這樣的解釋是現代醫學對於痛風的基本看法，認爲痛風的直接原因是尿酸引起的，但對於尿酸的成因就沒有再深究了。同時直接的斷言痛風是無法根治

的疾病，而且致病的原因永遠存在。

再看其治療所用的藥物，幾乎全是化學藥劑，最難以讓人接受的是最終明確告知大眾，所有這些治療和預防的措施可能會無效。這是現代醫學面對慢性病典型做法，充分顯現出其面對疾病的無能和不負責任，好像病人得了病不是什麼大不了的事，沒有人需要負責治癒，但藥還是要賣，錢還是要賺的，而且所開的藥都是每天得吃的，必需吃到離開世界爲止，這樣的邏輯最符合藥廠的利益。

從中醫的觀點，痛風並沒有那麼悲觀，痛風的人多半有兩個共同的症狀，即是身體經常處於心包積液過多和肝熱的狀態。

痛風的患者多數都有腸胃的問題，腸胃的問題會導致心包積液過多，心包積液過多會使心臟泵血的能力低落，血液無法送到處於微血管末梢的關節，造成關節部位垃圾的堆積，堆積的垃圾主要是尿酸晶。

尿酸晶的形成則和肝熱有密切的關係，肝熱的人小便特別黃而味重，小便中尿酸的比例特別高，這些尿酸堆在關節中會造成痛風，堆在腎臟裡則成爲腎

結石，非常惱人。因此，當這種現象出現時，就應該特別注意保養了。

明白了痛風的原因，治起來就不難。由於這種病痛起來要人命，因此，緩解疼痛的方法非常重要。疼痛發作時尿酸晶已經存在關節裡，要緩解其疼痛，首先要將其排出，至少使之離開原來的位置。這時按摩心包經，使心臟恢復正常的能力，將血液送至關節，才能使尿酸晶移動，甚而排出，症狀即能緩解。

按摩的順序是先按崑崙，接著按膻中，再按**內關**（**如圖十七**），以及心包經其他的穴位。由於發病時這些穴

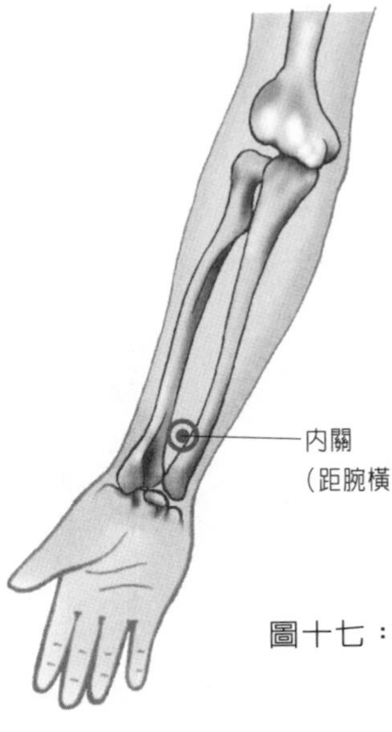


圖十七：內關

位都是不通的，因此按起來一定特別痛。這種按摩是痛風患者每日必做的功課，只要經常按，疼痛幾乎不會發作。長期下來不但新的尿酸晶不會在關節處堆積，原來堆積的尿酸晶也會愈來愈少，甚至變形的關節都有可能慢慢恢復。因此這個方法可以說是標本兼治的手段。

但是光是按摩心包經是不夠的，還必需使肝熱現象所造成的影響減到最小。當然最好是徹底消除肝熱的產生，這就需要用到一式三招的另兩招，早睡和敲膽經了。當血氣充足時，身體是不容易產生肝火的。因此，改變生活作息也是治療痛風最根本的手段之一。

當痛風發作時，還可以利用熱水泡腳緩解肝熱，或者其他章節所提到的按摩或針灸太衝穴也是消除肝熱很好的方法之一。

利用一式三招來對治痛風是非常簡單而且有效的方法，可以快速消除痛風的疼痛，如果按摩技術良好，徹底使心包經通暢，一次的按摩有時可以達到一星期都不會發作的效果。

# 過敏性鼻炎的保健

過敏性鼻炎是現代人很普遍的疾病，多數人都認爲是現代空氣不好造成的，特別是有些人換了一個地方，病就改善了。例如，從台灣到美國，剛到的一段時間，這個病就好了，但是有些人過一段時間又復發了，也有人從此不再發作。

所謂過敏性鼻炎，主要的症狀就是鼻塞、打噴嚏、流鼻水等症狀，這些症狀和感冒非常類似，但是並沒有咳嗽、發燒、頭痛等感冒的症狀，同時，由於發病的頻率很高，因此稱爲過敏性鼻炎，這些都是從西醫的邏輯來看的論斷。

從中醫的觀點，中醫並沒有過敏性一類的疾病名稱。這些症狀是寒氣從體內出去的現象，在前面討論寒氣的章節中，我們對這些症狀已有很詳細的說明，過敏性鼻炎只是身體大量或反覆進行排泄寒氣的症狀。

對於存在身體內的寒氣，人體的修復系統會等人體有了足夠的能量時，進

行寒氣的排泄，但是以現代醫學治療寒氣的方法，並不會把寒氣排除，只是把身體出現的症狀壓制下去就算痊癒了。

但是那些寒氣還是存在身體裡，身體只有等待血氣能量更高時，再發起新一波的排除攻勢，但是，多數時候患者又用藥將之壓了下去，就這麼週而復始的進行著，很可能反反覆覆多次所對付的都是同一個寒氣。如果這種反覆的頻率很高，間隔的時間也很短，就成了過敏性鼻炎。

了解了過敏性鼻炎形成的原因，就能找出根治的方法。首先必需使血氣能力快速提升。在血氣能力提升至足夠驅除寒氣的水平時，人體自然會開始進行這項工作。這時候最重要的是不應該再用抗過敏的藥或感冒藥，單純的將症狀消除，將寒氣仍留在身體裡，而應該讓人體集中能量將寒氣排出體外。對於病發時打噴嚏、流鼻水等不舒服的症狀，只有耐心的忍受，讓寒氣順利的排出體外，這時能做的就和前面章節所說寒氣的排除相同的方法。

由於每個人在體內留存寒氣的程度不同，因此，治療的時程也不同，只要有耐心和恒心，必定能夠完全擺脫這個惱人的疾病。

我自己從十幾歲就得了過敏性鼻炎，還在醫院裡開過鼻竇炎的刀。前後病了將近三十年，期間吃遍了各種過敏的藥，都是開始時有效，一段時間就必需慢慢的增加劑量，最終還是全部無效。

直到學會了這套方法，花了好幾年的功夫才慢慢的將之根治，調養期間幾乎整年有一半以上的時間都在不停的打噴嚏，連續打了好幾年的噴嚏才把大多數的寒氣趕完，現在還有部份較深的寒氣存於體內，但打噴嚏的機率已經減爲一兩個月才一次，每次一兩天就好了。

## 嬰、幼兒的寒氣

現代的產房，愈具規模的醫院，冷氣開得愈強。這是從「低溫能抑制細菌」的觀點設計的產房。同時在產房工作的醫生和護士，接生時需要很大的體力，爲了避免滿頭大汗，所以把產房的溫度設定得很低，根本沒有考慮到在這個房間裡最重要的客人「嬰兒」的需要。嬰兒在母親肚子裡時，周圍的溫度是攝氏三十六至三十七度，外面的冷氣開到攝氏二十度左右，溫差很大。嬰兒一出來沒穿衣服，就暴露在這麼冷的氣溫下，不但要剪除臍帶，還要磅體重，折騰個十多分鐘或者更長的時間，再強的身體也受不了。

中國人的許多古裝電影或電視劇中，經常都能看到劇中如果有生小孩的場景，房間的佈置首先就是要密不通風，其次當確定要生了，立刻就得燒熱水。房間中熱氣騰騰，產婦和助產士，必定是滿頭大汗。但是在這樣的產房裡，嬰兒是最舒服的，溫度和母親的肚子裡最接近。在這樣的環境出生的嬰兒，受到

寒氣傷害的機會最小，這才是最合乎健康的環境。現代超低溫的產房，就算有最好的設備和醫生，並且完全消了毒，也是最不衛生的。

在台北只要看到臉上寒氣很重的孩子，我幾乎就能猜到孩子在哪一個醫院出生，反正往臺北幾家較著名而且產房溫度特別冷的醫院猜準沒錯。聽說台灣兒童膽道阻塞和過敏性鼻炎的比例愈來愈高，很可能和產房溫度有密切關係。從中醫觀點來看，產房溫度愈低的醫院出生的小孩得這些病的比例應該愈高。

當嬰兒在接生時受了寒，就像在前面幾章所說會使膽的功能降低，嬰兒的吸收能力大幅下降。由於營養的吸收不良，對嬰兒的傷害很難估計。輕微的不過使嬰兒長期體弱多病，嚴重的可能造成發育不全，如果因而造成腦部的發育不全，影響就更大了。我甚至懷疑一個得了輕微唐氏症的孩子，根本就不是遺傳造成的，而是出生時太冷的產房造成的結果。這個孩子出生時還算正常，隨著年齡增長，唐氏症症狀才慢慢顯現，其症狀也較遺傳性唐氏症的小孩爲輕。

只要回憶當初生產時，如果產房的溫度是很冷的，那麼您的孩子不可避免的必定有很重的寒氣。寒氣的特徵主要在皮膚的顏色，肺氣本來就較弱的孩

子，身體被寒氣擊潰時，皮膚的顏色呈現出較黑的狀態，同時孩子也較瘦，也就是黑黑瘦瘦的孩子，是肺虛的典型症狀。肺氣天生較強的孩子，通常都長得壯壯的體型，這種孩子很容易形成寒氣和肺氣在體內對峙，孩子的臉色和身體的皮膚呈現較爲蒼白的顏色，這是肺實的症狀。

由於兩種情形都會造成營養吸收不良，所以臉上都很難有血色。有些家長皮膚較黑，常常會以爲孩子的黑皮膚是來自遺傳，其實是家長的身上也存了許多寒氣所致，正常中國人的皮膚顏色應該是略黃帶點血色，健康的孩子則應該是白裡透紅的氣色。

出生時受寒的小孩，調養時最重要的就是先讓其膽功能恢復，可以用成人敲膽經的方法，也可以由成人幫小孩按摩膽經，使其能正常吸收營養，同時將睡眠時間調整到每天晚上的八點至八點半上床，力求創造出最佳的造血條件，讓身體血氣能量迅速上升。由於幼兒疾病累積的時日並不長，因此，只要調養得法，進展會非常快，大約兩、三星期就會出現好轉的變化。

最早的變化多數是開始出現感冒的症狀，可能會拉肚子或打噴嚏、流鼻

水，這是開始將存在身體內部的寒氣排出體外的現象。因此，處理的方法必需放棄原來以西藥中斷症狀的處理方式，改以中醫的方法，協助孩子將寒氣排出體外。

一方面可以找中醫開方，用中藥協助將寒氣趕出體外。另一方面也可以用簡單的按摩方法，緩解孩子的症狀，最重要的是必需盡量讓孩子多休息、多喝水，集中所有體力對付寒氣。按摩時主要按摩手臂上的**肺經**和胸前的**肺經別（如圖六）**。由於孩子的皮下脂肪很薄，因此，按摩時只要在孩子的經絡上輕輕推摩即可。孩子可能需要反覆幾次的感冒症狀，才能將寒氣完全趕出體外。在這個過程中，孩子的臉色會明顯的改變，愈來愈白，逐漸出現光澤，最後顯現出白裡透紅的健康氣色，調養才算完成。

這種調養的方法適用於不同年齡的孩子，唯對較小的孩子，在按摩時必需用很輕的力道，避免傷及筋骨。

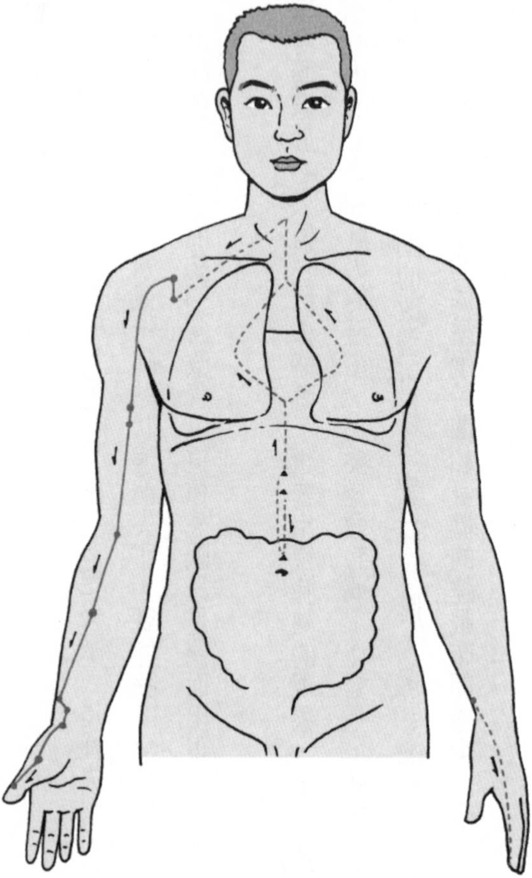

圖六：肺經和肺經別

# 失眠的調養

失眠是一件非常複雜的事，有許多原因會造成失眠，不同的原因會有不同的失眠狀況，也必需用不同的對治方法。

當身體處於肺熱狀態時，嘴唇發紅，必定失眠。這種失眠，只要喝喝薑茶，讓身體順利的排除寒氣，肺熱狀態消失了，就能睡。另外按摩手上肺經的尺澤穴泄除肺熱，也能夠適當改善。這種失眠只是偶而出現，不會形成長期的狀態。

當身體處於心火盛、肝火盛時，也會出現肺熱的現象，這時就需要先泄除心火和肝火。心火和肝火的產生，主要是發怒或工作緊張，必需去除這些因素才能長期的改善。短期的改善可以透過泡熱水腳，使肝氣疏泄達到目的。

我們由意志所設定的的睡眠時間和身體的睡眠時間衝突，也會形成失眠，這種失眠是最普遍的一種。

身體在中午時常常想小睡一會，可是很多人都把這個「壞」習慣戒除了；到了傍晚時累了，我們再用意志力克服它；晚上八、九點又睏了，我們忙著做雜事沒時間睡。

這幾次用意志力對抗身體，身體只好產生肝火，提供透支的體力能源，滿足我們意志上的要求。等一切忙完，我們終於可以入睡時，身體火燒得正旺呢！身體不想睡，於是失眠了。

身體想睡，你不讓睡，等你想睡時，身體已經不想睡了。嚴格的說這不能算病，是人們不會正確使用身體造成的結果。

對治這種失眠最好的方法，是放任身體自然的睡，想睡就睡，不想睡就不要睡，大約兩周之後，應該就能正常。我稱這種方法為聽身體聲音的失眠自然療法。

但這種聽身體聲音的方法並不是那麼容易，我們的意志力已經控制身體很久了，不習慣也不會聽身體的聲音。

就像我們的飲食習慣也是一樣，長期都是依照我們所知道的各種知識來

吃。應該也可以用聽身體聲音的方法，找出身體想吃的東西。可是長久以來我們只會用自己的意志吃東西，很少聽聽身體想吃什麼。

在這個醫學還處於對身體了解極爲有限的時代，利用現代醫學的知識吃，遠比相信自己身體的智慧吃，來得愚蠢得多。

另外，心事造成的失眠，只有解決心事的問題，對治了原因，才能阻止結果的產生。因此，無藥也無法可治，只有靠安眠藥直接去除結果一途。

# 再生障礙性貧血

這是一個聽起來很可怕的疾病，依照目前的醫學方法只有移植骨髓一途。其實這種患者有很大一部份是生活習慣不良，或幼年時感冒用藥不當所致，因此，首先必需針對病人的情形進行判斷，找出造成這個疾病的原因。

很顯然，這個疾病的問題出在造血系統，而這種疾病多半不是剛出生的嬰兒。因此，可以判斷病人早期仍有造血的能力，也就是身體並不是天生就沒有造血的機能。那麼後來出現失去造血機能的症狀，並不是造血機能損壞或消失了，應該是沒有提供身體造血的條件和環境而已。

這本書中，介紹了人體血氣上升的方法，就是讓人體加強造血機能。部份患了這個病的人，不是小時候風寒太重，以致於膽機能不能正常發揮，人體不能吸收造血所需的營養；就是生活不正常，長期過著日夜顛倒的夜生活，沒有提供人體造血的環境。

這兩種情形，睡眠的部份，病人自己稍作分析就能了解；膽的問題需要找一個有經驗的中醫師，就能診斷出來。

原因找到了，治療就不是難事了，只要實施敲膽經加上早睡，再假以時日，是有機會痊癒的。

**實例一：**

第一個患者開始調養時，血色素四點二克（正常值十克以上），血小板不到一萬（正常值十萬以上），經醫院診斷爲再生障礙性貧血。據了解，患者睡眠沒有問題，原來就有早睡早起的習慣。他主要是人體的吸收能力發生問題，也就是膽功能的問題。從中醫的理論推斷，患者可能是在幼年時受過嚴重的風寒，當時的處理不當，寒氣長留患者肺中，形成嚴重的肺虛狀況，使得人體的吸收能力大打折扣，人體的造血功能所需的材料不能順利產生，久而久之就形成了這個病症。

我們所提供的保健方法，就是利用推拿方法，疏通患者的膽經，使患者的

膽汁能正常分泌，改善患者的吸收能力，使患者能夠產生更充分的造血所需蛋白質。在經過兩個月的調養過程後，患者有很大的改善，血色素達到八點六克，血小板也達到十萬。造血機能恢復正常，患者脫離了這個疾病的威脅。

## 實例二：

這是一個小夜班的工作者，與前一個患者有相同的肺中寒氣問題，使得長期以來營養吸收不好，患者的血氣一直處在低水平的狀態，並不斷的下降。

學校畢業之後，他找了一個小夜班的工作，每天晚上十點才下班，下班後必定出去玩到兩、三點甚至更晚才回家。這樣不正常的生活方式過了半年就發病了，發病時的血色素只有二點七克，血小板不到一萬，經醫院診斷爲再生障礙性貧血。

我們給患者的保養建議，首先要求患者先輸血，先後兩次，共輸血一千六百CC。第一次輸血後，血色素立刻升到四點二克，第二次輸血之後，再升到五點一克。通常這種患者，輸血可以立即改善各種血液的指標，但是隨著時間

的過去，外來的血液死亡之後，人體不再產生新的血液，各種指標也就跟著下降了。

我們要求患者輸血後，再進行膽經的推拿，改善患者的營養吸收能力。同時要求患者改變睡眠時間，嚴格執行早睡早起的規律生活。透過推拿的手法，協助其容易入睡，改善患者的睡眠是我們治療過程中的主要工作。患者不容易入睡，必定是肺熱造成的，只要泄除了肺熱，就可以入睡了；患者睡不沉，必定是肝熱造成的，只要泄除了肝熱，就能讓患者睡得沉。

患者輸血後，隨著時間過去，各種指標不但沒有像其他患者一樣持續的下降，反而不斷上升，三個月下來，血色素就上升到八點六克，血小板也上升到了十萬，完全脫離了疾病的危險。也就是說睡眠改善了之後，造血機能就恢復了。骨髓檢查也從原來的黃水，變成了紅細胞了，醫生正式宣告他的造血機能恢復了。

任何疾病只要患者能睡得香甜，睡醒的第二天，血氣必定比前一天好，只要一天比一天好，就一天一天遠離疾病和死亡的威脅，時間長一點自然有痊癒

的一天。反之，如果患者一直都無法在正確的時間好好睡眠，則康復的機會就很渺茫了。

因爲，只有睡得好，營養吸收得好，人體才能產生足夠的能量，來啓動自我治療的能力，只有人體的自我治療能力能夠眞正克服各種慢性病。外來的藥物，最多只能控制疾病的症狀，並不能眞正的根除疾病，只有協助患者啓動人體與生俱來的自我治療和再生能力，才是正確的醫療手段。

如果是先天性的再生障礙性貧血，這個孩子出生後會在很短期間就發病，存活的機會必定不大。多數得了這個病的人，都是在長到一定年齡之後才患病，也就是先天仍具備造血的能力，必定是後天不良的生活習慣或受其他疾病影響才會失去造血的能力。

造血機能最重要的只有兩個條件：一是具備造血材料，也就是膽功能必需正常；二是必需在上半夜人體造血機能運作期間有充足的睡眠，使身體能有充足的時間造血。因此，不幸患了這個病時，應檢討自己在這兩個條件上是不是有所缺失，就能找出疾病的原因，自然也就能找到痊癒之道。

部份這項疾病的病人，由於長期勞累導致造血因子的病變，致使造血機能出現障礙，雖然這種養生法也能使其逐漸改善，但痊癒的機會很小。因爲，這種病人需要長期輸血以彌補血紅素的不足，輸血會由於血液品質的無法掌握，而造成無法控制的風險，常常由於一兩次血液品質的不良，使身體狀況立即下降，這種養生法的功效就大打折扣。

# 哮喘及長期咳嗽

哮喘是一個困擾了許多人的疾病，著名的臺灣歌星鄧麗君小姐就是死於這個疾病所造成的窒息。這個疾病之所以爲害，就在於其發病時會在很短的時間造成死亡，實際上得這種病的人血氣都不低，經常都是前一個小時仍然很健康，過了一個小時即已天人永隔，對家人造成難以接受的衝擊。

在討論這個疾病的病理之前，先介紹這個疾病治標急救的方法。

當患者發病時，應立即針灸或按摩患者的**太衝穴**（**如圖十六**），並用手由上往下在胸口進行順氣式的按摩。

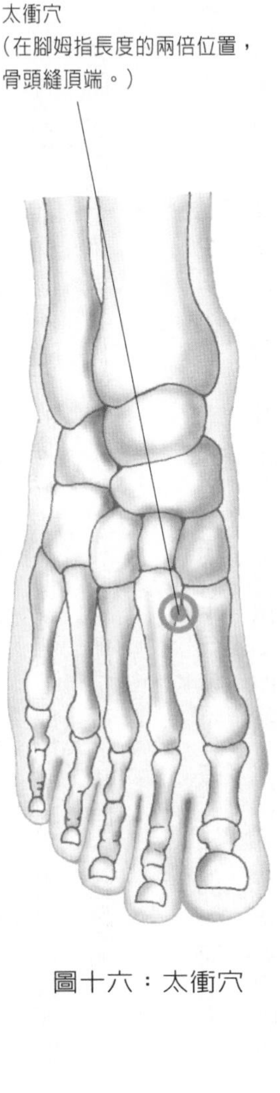


圖十六：太衝穴

除了前述治標的方法之外，再依養血氣的方法，進行長期養生保健工作，假以時日是可以達到完全痊癒的理想目標。

哮喘發病的症狀，是人體呼吸通道的氣管進口部分，被大量的痰所覆蓋，阻礙了空氣的進入而造成的。輕者痰少，產生咳嗽的症狀；重者痰多，產生哮喘的症狀。這個症狀的形成有兩個必要條件，一是生痰的器官，二是使這些痰上升的肝氣。

首先談談生痰的器官，一般人或多數的醫生都認爲哮喘時的痰來自肺部。但是根據《黃帝內經》的說法，人體的五臟六腑都會生痰，都會造成哮喘的症狀。在這裡只討論肺和腸胃造成的哮喘，其他臟器造成的哮喘，由於原因非常複雜，暫時不討論。根據我們的經驗，肺和腸胃所造成的哮喘，佔哮喘患者的絕大多數。

實際上大約有一半以上的哮喘患者，氣管上的痰不是來自肺部，而是胃或小腸，從患者痰的顏色就能分辨其來源。肺裏出來的痰，由於含有空氣中的灰塵，因此，顏色爲灰色，其間挾雜有些灰塵的顆粒；胃和小腸裏出來的痰，顏

色則是黃色和白色，沒有其他顆粒的參雜。痰的產生多半是該器官有病，人體的診斷維修系統進行修復工作後遺留下來的廢物。

肺裏的痰造成的哮喘，患者只要受寒就發病（冬天特別容易發病）。腸胃原因造成的痰引發的哮喘，患者常常在暴飲暴食後的一、兩個小時或一、兩天內發病。在春天或夏天當氣候變暖時，也會由於肝火和心火的上升而發病，當然一生氣使肝氣上逆，更是發病的主要原因之一。

無論在肺、胃或小腸，這些器官的位置都比氣管低，痰之所以能夠流動到氣管，主要是有一股上升的肝氣，逐漸將痰推上去造成的。肝氣的發生主要是肝裏有病，或情緒受到刺激，就容易使患者發病，所以常常看到患者發脾氣時，人一激動就喘。

根據這樣的哮喘模型，擬訂的保健方法就很簡單，治標的方法是先去除上升的肝氣，儘快的終止哮喘的症狀，這樣可以使患者的症狀暫時得到緩解。方法是針灸或按摩太衝穴，引導上升的肝氣向下宣洩，這也是急救時的方法。患者由於疏泄了上升的肝氣，哮喘暫時不會發作，但是仍然必須避免生氣，嚴重

的生氣隨時會使哮喘發作。

經常用熱水泡腳，也是一個疏泄肝氣的方法，但這種方法可以用來做爲平時保養，急救時則緩不濟急。

這樣的保健，幾乎立即就能緩解患者的症狀，只要持續二到三周，就暫時不會再發作。但是追求痊癒的保健就需要更長的時間，徹底去除發病的根源，也就是解決生痰器官的疾病。

患者肝的問題，有些來自父母的遺傳，有些由於工作勞累，或飲酒過量，發脾氣或精神受到強烈刺激……等，許多可能的原因。

無論那一種原因，都能用這個方法將肝氣去除。上升的肝氣除了會造成哮喘之外，也會使人睡覺時容易驚醒、多夢，也就是睡得不沉，半夜醒來不易再入睡。因此，按摩太衝穴是很重要的保健方法，平常只要摸摸頭頂，溫度比身體其他部位高很多，顯示肝氣太盛了，就應該按摩太衝穴或泡泡熱水腳。

雖然知道生氣會傷身體，我們畢竟還是人，總會生氣的，生了氣的補救方法就是針灸或按摩太衝穴，使上升的肝氣向下疏泄，把生氣對身體的傷害降至

最低。

治本的方法，則需要透過中醫的診斷，確定生痰的器官，然後調整生活和飲食習慣。例如腸胃喘的患者，應避免吃得太飽，完全忌吃生冷的動物性食物，同時避免飯後立即運動，減少哮喘發病的機會。肺喘的患者，建議儘量避免受寒和生氣，然後依照一式三招的保健方法，養足血氣把寒氣排出。

這樣的保健方法，患者在調養過程中，養成良好的生活習慣。同時，也明白不正常生活習慣對健康所造成的危害，因此，會自動的維持長期規律的生活。血氣繼續增長，經常處於血氣富餘的狀況，可以讓哮喘完全痊癒。從此身體就算有了小毛病，人體診斷維修系統也會自動處理，治好了哮喘，從此和所有可怕的慢性病絕緣，健健康康的享受人生。

# 坐骨神經痛

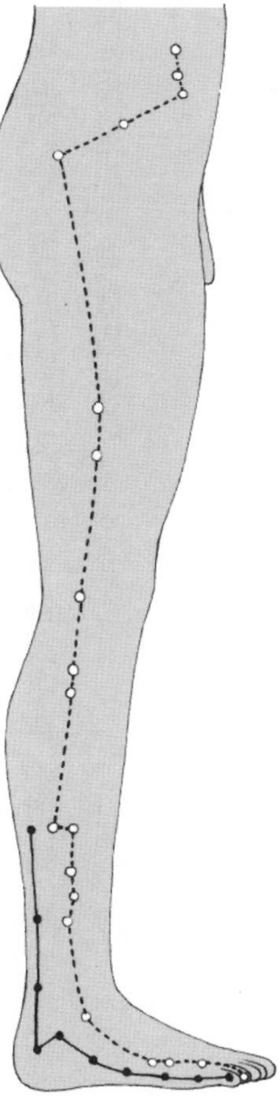

圖八：膽經

坐骨神經痛疼痛的部位有很多種，大多數是大腿外側到腳部的抽痛或疼痛，這裡所討論的就是指大腿外側到腳部的疼痛。一般的疼痛，從現代醫學的診斷認為是神經痛，但從中醫的診斷來看，則認為是經絡痛，神經只是讓人能夠感知疼痛部位的通信系統。大腿外側只有**膽經**一條經絡（如圖八），多數的這一類疼痛是屬於膽經部位的疼痛，從經絡觀點應該是膽經不通造成的疼痛。

當身體出現不明原因的疼痛時，應仔細分辨疼痛的部位，再核對經絡圖找出疼痛的經絡，就找到了疼痛的原因。再依中醫的醫理分析，就能夠找到治好疼痛的方法。常見的疼痛除了坐骨神經痛外，還有背痛、肩膀痛、偏頭痛等，都是一樣道理。

當膽經發生疼痛時，按摩肺經的尺澤穴會感覺非常痛，壓住正確的穴位後，停留在穴位一分鐘，只要壓住，不需要揉動，可以立即止住疼痛。經常按摩**尺澤穴（圖三）**，可以逐漸減少發病的機率。

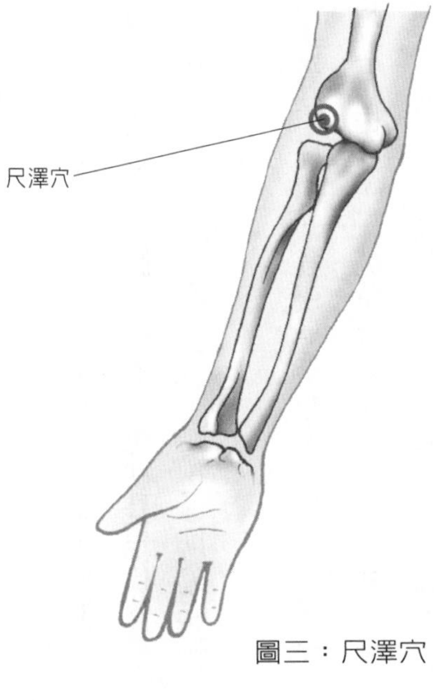

圖三：尺澤穴

這種治標的原理是身體排除寒氣時的症狀之一。當肺排除寒氣時，會使膽的功能受阻，當膽經受阻的情形嚴重時，就造成了膽經疼痛，也就是現代醫學診斷的坐骨神經痛。由於疼痛是由肺熱引起的，因此，按摩肺經可以疏解肺熱，肺熱消除了，膽經立即就不痛。

如果疼痛發生於季節變化時，由於春季肝的升發或夏季心火的旺盛，都會因爲臟腑平衡的原因，造成肺熱的症狀，因此，保健時春天需先去除肝熱，夏天則先去除心火再去除肝熱，如果還不能去除疼痛時，再按摩肺經卸除肺熱。

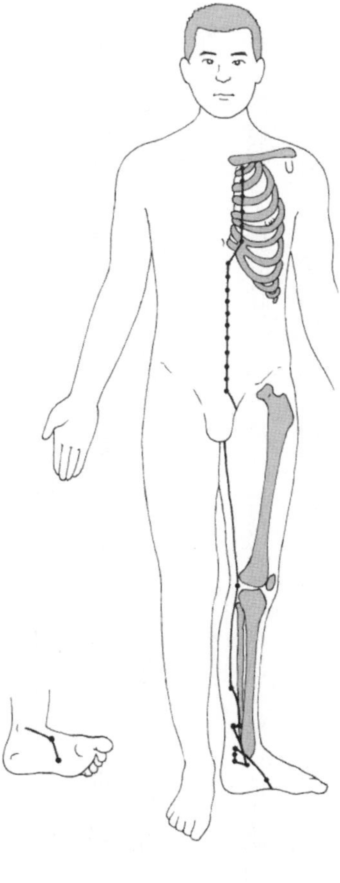
圖十八：腎經

秋天時則直接按摩肺經，多數都能緩解疼痛。冬天肝氣會由於腎氣下降而相對上升，因此必須先按摩**腎經**（圖十八），再按摩**肝經**（圖十九）和肺經。

由於肺和膽的問題通常都不是短時間形成的，特別是發生了膽經疼痛症狀時，問題必定已經相當嚴重了。因此，不可能在短期內完全消除疾病，必須先培養血氣，血氣能力達到相當充足的水平，人體才有能力逐漸去除肺中的寒氣。寒氣去除了，膽功能才能逐漸恢復。

明白了整個疾病的原因，一方面在心裡上可以完全不用再擔心疾病的後果，這種疼痛只會讓人不舒服，但是不會造成太大的危害；另一方面再利用治標和治本的方法，病發時能夠立即去除疼痛的困擾，並使疼痛發作的機率減到最低，再從根本將身體的血氣能量提升，正確的排除寒氣，就能永遠根除這個疾病。

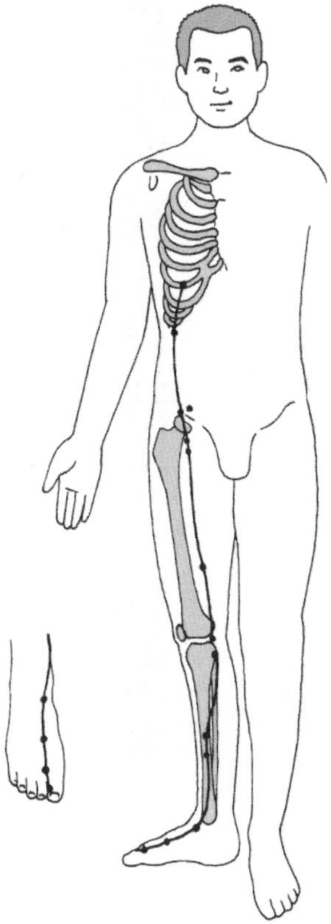

圖十九：肝經

# 十二指腸潰瘍、胃潰瘍、胃出血

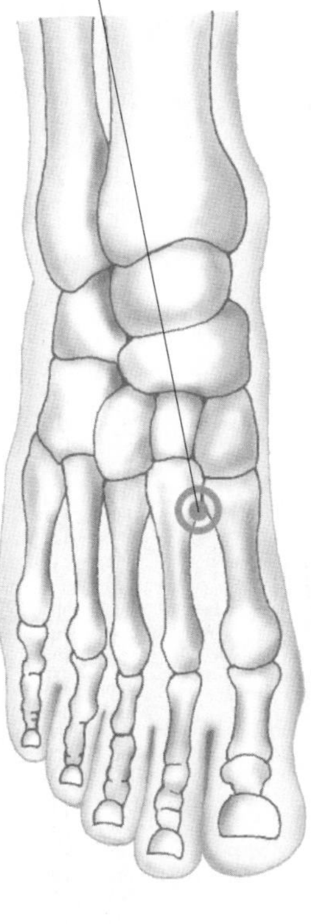

圖十六：太衝穴

十二指腸潰瘍、胃潰瘍、胃出血等，這三種疾病雖然發病的部位和嚴重程度不一樣，但是從疾病和保健的觀點來看，三者是同樣的疾病。多數人都會認為這個疾病是腸胃的問題。從中醫的觀點則認為是肝臟的疾病，是生悶氣的情緒引起的。

簡易的保健方法是每週按摩肝經的**太衝穴**（**圖十六**）至少兩次，每次按摩三至五分鐘。如果對經絡及穴位有些了解，最好能沿著肝經按摩所有的穴

位，每個穴位一至兩分鐘，同時也按摩腎經，提高腎的能力，可以有助於使肝氣平抑。當生氣或感覺不舒服時，應立即加強按摩太衝穴。

由於抑制性的生氣也就是生悶氣是這個疾病的主要成因，因此必需調整身心或工作環境，並建立「生氣是用別人過錯懲罰自己」的觀念，儘量避免生氣。避免生氣並不是有氣不發，而是根本就沒有氣，也就是必需能夠心胸開闊，對於別人的過錯均能不計較更不放在心上。

工作上的焦慮也會造成生悶氣相同的疾病，因此，也必需避免，眞不能避免，則只有在工作和健康之間做一個抉擇了。

和其他的慢性病一樣，這一類疾病的根治，還是得從加強養血氣的一式三招做起，使身體的血氣能量逐漸增加。身體有了足夠的血氣，不再透支「火」，肝臟的問題自然就會慢慢去除，再來修復腸胃的損傷。

有一次在餐桌上認識了一個新朋友，看他頭髮前方有點禿，顯然是肝氣上升得很厲害的症狀，因此嘗試的問他是不是脾氣不好，做事急燥。他還沒來得及答話，邊上兩個同事迫不及待的說「他脾氣才好呢！」，這種情形顯現他必

定有潰瘍性的疾病。道理很簡單，前面髮禿，肝必定有問題，脾氣一定不好。可是其他人都覺得他脾氣很好，顯然他的修養很好，脾氣發不出來，只能往肚子裏吞，自然就有胃的毛病了。

這類疾病就像這個例子，通常犯病的人外表看起來都很溫和，但內心卻很急燥。在家庭或工作的環境中，他沒有發脾氣的空間，用一句通俗的話，就是經常受窩囊氣的人。例如，家庭中處於弱勢地位者、老闆身邊的出氣筒、每天都必需要和善面對客戶的銷售員等，這些有氣沒得出的人，都是很容易得這個病的。

這個病的發作時，很容易從臉上看出來，就是在鼻翼的兩側會出現發紅的症狀。如果紅色程度愈來愈明顯也愈鮮紅，就表示病情正在惡化中，很可能胃出血很快就會發作。

要使這個疾病不再發作，短期只有設法消除生氣所造成的肝火；長期就必需從提升血氣做起，再加強心性的修養，放開心胸。必要時改換工作，或住家環境，或從宗教信仰中找到精神寄託，用更超脫的眼光看待俗世間的紛爭，把

去除這個疾病做爲人生修練的目標。

當肝有問題，會使人容易生氣，也可能由於生氣造成肝的問題。可怕的是生氣會使肝的問題惡化，肝的問題愈大，就愈容易生氣，形成惡性循環，使問題愈來愈嚴重。這種情緒造成的疾病，藥物或經絡治療只有一半不到的功效，最根本的方法只有從情緒的修練做起。

應酬的晚餐，所支付的不只是金錢，
還得付出寶貴的造血時間。

（漫畫／鄭辛遙）

# 骨質增生（骨刺）

「骨質增生」俗稱骨刺，是目前無法醫治的疾病之一，雖然不至於危害生命，但是患者必需長期忍受各種麻痛的感覺，是令人非常痛苦的一種疾病。

## ・疾病原因分析

從人體的結構來看，骨頭是人體支撐的架子，脊椎骨只能承受垂直的力量，橫向的支撐必需靠肌肉搭配才能發揮完全的功能，如果去除了肌肉，就像實驗室中的骨頭標本一樣，人體將完全攤在地上。

當人體的血氣下降到了一定的水平時，肌肉中的血液供應不夠，使得肌肉失去輔助骨頭的拉力，則部份的骨頭，將有傾斜的問題，人體的智慧型自我適應系統，爲了解決這個問題，在骨頭相連的部位，有意的長出突出物，輔助骨頭的支撐，代替部份肌肉的功能，這些突出物就是骨刺。

另外，人體受到外傷也會造成骨質增生，這種情形主要是在人體內殘留了應力無法消除，就不能用這本書的方法調養。必需尋找高明的整骨醫師，消除殘留的應力，再用這本書調養的方法才能痊癒。

## ・根治骨質增生的方法

和其他慢性病相同，面對血氣不足所造成的骨質增生，主要的方法還是提升人體的血氣，增加血液的總量，並提高心臟的能力。當人體的血氣上升，又能輸送足夠的血液進入肌肉，恢復肌肉支撐的拉力時，人體的系統會自動將不再有作用的增生骨刺吸收，沒有了骨刺，疾病自然就好了。換句話說，骨刺並不是疾病，不過是人體血氣能量低落時，人體應變措施的現象而已。

因此，治療的方法就非常簡單了，就是確實執行血氣養生，敲敲膽經，好好睡覺，身體有了足夠的血氣，使肌肉裡充滿了血液，有足夠的能力支撐整個骨架，身體自然會把骨刺吸收或排除了。

# 尿毒症

尿毒症是一個可怕的疾病，得了這種疾病的人，由於不能從正常的小便中排泄垃圾，因此，需要依賴俗稱的「洗腎」方法，將身體內原來需要從尿中濾出的廢物利用血液透析設備排出體外。剛開始時每週一次，沒多久升高爲兩次，最終每週三次，然後就需要等機會換腎，許多人卻因爲等不到換腎的機會，結果失去了寶貴生命。

腎臟是一個過濾器，就像家裡的濾水器一樣，只不過所過濾的不是水而是血液。目前許多家庭中都有各式各樣的濾水器，當家中的濾水器流不出水時，多數人的第一個反應是停水了，通常都會再開別的水龍頭確認是不是眞正停水了，很少人會立即反應是濾水器壞了。這主要是大家都知道，濾水器是讓水通過一些過濾材料，將髒東西濾除，沒有什麼容易壞的零件，也沒有任何活動的部件，是一個很不容易故障的設備。但是同樣的情形發生在人體時，醫生的反

應就完全不同。

當我們爲患者進行推拿保健時，通常發生病變的臟器其相應經絡在推拿時會特別痛。但是當我們爲一些尿毒症患者進行相同的保健推拿時，卻發現多數患者在腎經的部位並沒有特別痛的感覺，從中醫的其他診斷方法進行診斷時，也看不出患者有腎臟疾病的跡象，反而是肺臟疾病的症狀更明顯些。經過一段時間的經驗累積以及病理分析，才發現原來尿毒症患者的病根本不在腎臟，而在血液總量的不足。西醫所說腎衰竭，實際上是一種結果，並不是原因，是指腎臟失去了功能。腎臟失去功能至少有兩種可能，一是沒有足夠的血液進入腎臟進行過濾，二是腎臟發生故障。

雖然腎臟和濾水器一樣，是不容易壞的過濾器官，但是當人體尿液顏色變淡、減少，或腎臟的檢查出現異常時，醫生卻認定是腎臟出了問題，沒有醫生認爲是進入腎臟進行過濾的血液不足所造成的結果。這是由於現有貧血的檢驗只用血液的濃度來代表血液總量的多少，並不能反應眞正的事實，使醫生的判斷造成誤差，總認爲血液總量是正常的，不會有「沒有足夠的血液進入腎臟進

行過濾」的可能性。

就因爲這樣的病理邏輯，使得今天醫療的目標並不著重在解決血液總量的問題，而在解決各種檢驗指標的維持，也就是認爲問題的原因不明，因此，只能從解決結果下手，把治療的重點放在控制這個疾病惡化的速度，而不在追求根除疾病，使患者回到正常的狀態。

尿毒症患者最主要的症狀是尿液清淡或稀少，或者完全沒有，尿中毒素無法透過尿液排出體外。目前醫生對這個疾病的認定，都認爲是腎臟的病變或者腎臟萎縮。

從中醫的理論來看尿液清淡或稀少，應該從人體的水系統進行分析。在中醫的理論中，肺是生水的器官，是人體內的水源系統，也就是說是由肺臟將新鮮的水佈到各個器官。這就像我們生活中的自來水廠，提供整個社會、家庭、公司、機構清潔的水一樣。

在中醫理論中，脾主運化，運就是運水（人體的水份都是藉助血液的循環進行輸送，血液是人體運水的載體）。脾臟將器官用過的廢水，運到腎臟（這

就像我們生活中的污水排送系統，將所有污水送到城市的污水處理中心），再由腎臟將廢水排出體外。腎臟是一個過濾器，把各個臟器送來的含有污水的血液進行過濾，把髒水濾出來，送到膀胱，再由膀胱排出體外。

在整個循環過程中，血液扮演載體的功能，不管乾淨或用過的水，要輸送時都需先將水混入血液中，再由血液將這些水送到應該到的地方。在這樣的整個系統中，當最終的腎臟沒有尿液排出時，實際上有四種可能性。

第一種情形是人體整體的血量不夠時，由於肺臟佈水、脾臟運水、腎臟排水這三件事中，水的載體都是血液，因此，當血量不夠時，首先必需維持血管中的血液供應，以維持生命的正常運行。血液進入各個臟器的量都會減少。這就會使三個臟器的功能都大爲衰減，整個人體處理水的能力當然也就大爲降低，各個部位血液流量自然就減少了。而整個人體用水的量也跟著下降，尿液當然也減少了。因此，人體總血量不足，是患者中最大多數的共同問題。

另外三種情形則是前述和水處理有關的三個臟器（肺、脾、腎），其個別臟器的功能出問題，也會使尿液減少。

肺臟出了問題，沒有將新鮮乾淨的水佈到各個器官，也就是整個人體的供水減少了，這種人一喝水沒多久就小便，而且小便都是無色無味的，也就是這些水根本沒有進臟器，直接就排出體外了。時間長了，人體就會減少喝水的量，尿液也就跟著減少了。

脾臟沒有將廢水運到腎臟。這種人全身各個部位都有點水腫的現象，就是廢水堆積在全身各個部位，脾臟沒有能力將之運出去。

最後一個可能原因才是腎臟的問題，排不出水，這種人的中段特別胖，也就是水都運到了身體的中段，就是排不出去。

無論上述四種情形的任何一種，血氣不夠，也就是人體的總血量不夠，是基本的原因。因此，正確的保健方法，都是設法增加患者的血氣能量也就是血液總量。

目前多數的治療方法，是以血液透析的方式，將血液中的水份抽出，以人工方法代替腎臟的排水。其實這並不是治療，只是認定了腎臟壞了，修不好乾脆完全放棄，用機器來代替。而人工的機器實際上只具備人體腎臟的一小部份

功能，並不能眞正的代替腎臟，患者才會愈洗愈衰弱。

這個方法，使得患者血液中的水份大量流失，人體會自動調整肺臟的供水能量，加大肺臟的負荷。這會造成患者在洗完腎的當天有肺熱的現象，使患者不容易入睡。久而久之，肺臟由於過於疲累，造成很大的損傷，甚至崩潰。這就是爲什麼洗腎的患者，長期下來，皮膚會愈來愈黑而且乾的原因。從中醫的觀點來看：肺主皮膚，皮膚乾、黑、粗而且沒有光澤，是肺受到很大傷害的主要症狀。

目前，在本書的方法下獲得明顯改善的患者，以醫生剛判定患了尿毒症，但是還沒有開始進行血液透析的患者爲主，幾乎所有的案例在經過調理和保健之後，都有很明顯的改善。

尿毒症的患者，由於各個臟器失去平衡，營養不易吸收，也不容易入睡。而且，患者的各個臟器的功能都很低，服用藥物或多或少都會增加各個臟器的負擔。因此，保健的方法主要是指導患者回復正常規律的生活，再透過推拿各個經絡，使各個臟器恢復平衡，讓患者更容易入睡，增加患者營養的吸收。

在患者身體改善的過程中，目前檢驗尿毒症的「肌酸酐指數」並不能完全顯示病情的變化。這個指數在患者調養過程中會不斷的上下波動。例如有一個患者開始時，全身很難動彈，肌酸酐指數高達五百六十五單位，經調理兩周之後，就能下床行走，觀察患者的外表和體力狀況明顯改善許多，但是指數卻時好、時壞的變化，並沒有明顯的改善。時間長了以後，才慢慢的顯示出下降的趨勢。

經過分析，認爲這個指數之所以會上下波動，主要有多種原因，其中的一部份原因是人體的排尿能力不佳留下來的尿毒，另外一部份是人體血氣提升之後，從身體各個部位排泄廢物的能力提升，這些廢物仍必需先進入血液中，又使得指數升高了。起步的高指數和調養後的高指數雖然數值相同，但是內涵並不一樣。

整個保健過程中，可以完全不增加任何藥物，利用中醫養生的方法，在不增加身體負荷的前提下，調整人體的血氣能量，使人體的血氣能量恢復到可以啓動先天具有自我治療能力的水準，再利用人體的自我治療能力逐步改善身體

的狀況。

至於患者服用其他的藥物，除非其服用的藥物會使患者於夜間過於亢奮，無法入睡，否則不要求其停止服用。這樣可以完全確定不會引起不必要的危險或副作用，讓患者更安全，也更安心。

## ・尿毒症患者的養生保健方法

由於這個疾病比較嚴重，而且在保健過程中，洗腎手段必需相應調整，因此並不建議病人自己單獨做，必需有主治的西醫支持才能進行。保健方法需要分段進行，第一階段是養血氣爲主，也就是敲膽經和早睡早起。

但是，這個疾病的患者最難的就是早睡，特別是每當進行洗腎的當天如果排水量較多時，很容易使身體形成肺熱的現象，因此，應和醫生協調適當的減少排水量。洗腎病人多數呈現皮膚乾黑的症狀，這並不是腎臟疾病的症狀，而是肺虛的症狀，就是由於洗腎時經常抽了過量的水，使得肺的負荷加重，長期處於肺熱的狀況，久而久之皮膚就黑而乾了。

爲了能夠早點睡，應該儘量避免在夜間進行洗腎，最好是在上午進行。如果在安排上很困難，則必需利用不洗腎的日子，儘量早睡，可能的話七、八點就睡，彌補洗腎日子裡損失的睡眠。

這個保健方法和尿毒症患者的洗腎治療不相衝突，也不需要停掉醫生所開的藥物。唯一要注意的是這些治療方法如果使患者不容易入睡，則必需和醫生商量適當調整。上半夜的睡眠是這個疾病患者最重要的養生功課，也是日後改善與否的關鍵，因此，任何使患者不能入睡的治療方法都必需適當調整，這幾乎是治療所有慢性疾病和嚴重疾病的共同原則。

在患者經過一段時間的調養之後，身體的血氣能量會迅速上升，接著會開始清理過去身體無力處理的宿疾，也就是會開始出現生病的症狀。由於每個人的體質不同，曾經留下的宿疾也不相同，因此，出現的症狀也會完全不同，各種可能的症狀都會出現。

最常見的症狀是不明原因的高燒，其實多數的患者已經有很多年都沒有出現發燒的現象了，這並不代表患者是健康的，而是因爲患者完全沒有能力對抗

疾病，也就沒有能力發燒。這時的發燒，應代表患者血氣能量已經上升到不錯的水平，才有能力對抗疾病，對患者而言，發燒是一個好現象。

如果人體長期處於血氣下降趨勢，血氣下降到人體對臟器完全失控時，也會出現發燒的症狀，這就不是好事了。因此，前段所說的「發燒是一個好現象」，僅限於經過調養，血氣能量處於上升趨勢的病人。這就是疾病診斷時最關鍵的因素，要先了解病人是處於上升或下降的血氣能量趨勢。經常在兩種不同的血氣能量趨勢中，會出現相同的症狀，其代表的意義卻完全相反。

尿毒症的病人調養一段時間後，會出現較複雜的症狀，在這裡就不詳細說明，建議患者這時應和合適的中醫師聯絡，由具有能力的中醫師協助進行適當的治療。

在出現任何疾病的症狀，又沒有找到合適醫生之前，自己最適當的保健方法，則是這本書所建議的養血氣方法，按摩心包經。或者依照寒氣的保健中所述，依不同季節進行不同經絡的保健。即春天加強肝經保健，夏天則加強心經，秋天加強肺經，冬天加強腎經等。

保健過程中，患者可以從身體的體力改善，體重增加（血液總量增加的結果），膚色變白等各種現象，體會身體正在逐漸改善的過程。對於尿毒症患者最重要的肌酸酐指數，在短期內會出現時高時低的不穩定波動，但以月爲期的觀察，則將會出現明顯的下降趨勢。

過去的幾年中，我們曾經協助幾個洗腎的患者進行調養，多數都能有良好的成果，由於外在條件的限制，雖然還沒有完全痊癒的病例，但是幾年下來，病情都沒有惡化，並且有逐漸好轉的跡象。

# 糖尿病

和尿毒症一樣，糖尿病的保健養生必需從分析糖尿病成因著手，只有找到眞正的原因，才有機會發展出去除疾病正確有效的方法。

糖尿病一直是一個很難醫治的疾病，目前醫學界認爲血糖失控是由於胰臟的功能出了問題引起的，得了這個病只能利用藥物或注射胰島素來控制血糖。和尿毒症的血液透析的治療相同，這個方法也是認定人體控制胰島素的功能已經喪失，而且不能恢復，所以放棄了治療而採用人工的替代方案。因此，不能治癒糖尿病是必然的結果。

如果我們從中醫的血氣理論來分析糖尿病的成因，便知道當人體的血氣在長期處於消耗大於生產的下降趨勢，也就是長期的血氣透支狀態時，人體就必需抽取身體儲存的養份來使用。這就是中醫常說的「陰虛」體質，這時使用儲存能量的透支情形，就稱之爲「火」。所以中醫說到「陰虛」時，都會加上「火

重」或「火旺」兩個字，就是這個道理。此時人體臟器內的血液會逐漸減少，骨頭中的骨髓也會日漸衰減。由於儲存的能量必定有用盡的時候，到了中醫所說的「陰陽兩虛」的狀態時，就是「火」也已經用盡了。

當人體到了「陰陽兩虛」的狀態時，可以透支的能量均已用盡，只好開始抽取人體組織裡的其他能量，肌肉是其中的一個選擇。這時人體會分泌一種物質，來分解肌肉以產生醣份，做爲代用能源。由於分泌出來的醣立即被用掉，因此，在靜脈中的血液裡並不會有剩餘的醣，也沒有多餘的醣從尿中排出，血糖不會發生異狀。在這個階段，進行血糖的檢查，並不會顯現糖尿病的症狀，主要的症狀是肌肉逐漸減少，原來應該有肌肉的部位，逐漸變成一團團鬆垮的肉。這種現象患者如果不注意，並不會發現，只感到愈來愈沒有力氣，通常都會將之歸咎於老化的自然原因。

這時，由於原來血氣透支來源的「火」，已經用盡，因此，亢奮的精神狀態消失，體力大不如前。原來難以入眠的情形會得到改善，相反的身體變得很容易疲倦，睡眠會逐漸增加，患者還是很自然的將之歸咎於老化的原因，而沒

有任何疾病來臨的警覺。

睡眠增加之後，血氣自然提升，造血量也跟著增加。人體依原來透支體力的狀態，分解肌肉所產生代用的醣份就有一部份形成了多餘的狀態，這個時候做血液檢查，就會發生血糖升高的症狀，人體會自動將這些多餘的醣份排出體外，因此尿中也會有醣，就成了糖尿病。

我們用一些假設性的數字來作推論，可以更清楚的說明這個問題。假設人體每天所需消耗的蛋白質（人體的正常能量假設爲蛋白質）爲一百個單位，由於人體的吸收及睡眠問題，使人體只能生產五十個單位，人體爲了維持正常的運行功能，會生產一種物質來分解肌肉，產生五十個單位的醣，用以代替不足的蛋白質，由於所有的醣生產出來後隨即用掉，沒有多餘的醣從靜脈中排放出去，因此在檢查時不會出現血糖太高的現象。

當人體下指令生產代用的醣份時，人體會自動調整各種內分泌，使人體較容易產生疲倦感來增加在造血時段的睡眠時間，這是人體的自我保護措施，睡眠增加了，蛋白質的生產自然也就提高了。假設這時生產的蛋白質總數達到八

十個單位，只需要再補充二十個單位的醣就夠了。但是人體的回饋系統不會因爲短期的數值就進行調整，必需觀察一段時期，確定這種高量蛋白質的生產是一種常態現象，才會修正原來生產醣份的指令。因此，在這段觀察期，人體仍然生產出五十個單位的醣，其中的三十個單位的醣就多了出來，人體會透過尿液將之排出體外。

這時如果到醫院檢查，就會查出血糖太高的現象，依照目前醫學界的標準，醫生很自然的判斷病人得了糖尿病，立即要求患者改變飲食習慣，限制患者的食物，減少患者養份的攝取。這時原來已經提高到八十單位的蛋白質生產，由於缺乏營養，又開始下降了，一直下降到五十單位的產量。這時人體的血糖又回復正常了。醫生認爲患者又回復了健康，其實患者又從上升的血氣趨勢回到了下降的血氣趨勢，醫生的治療手段實際上中斷了人體的應變措施而不自知。

其實，此時的身體狀況已經過了最不好的時期，血氣正在漸漸增加，健康正在改善中。就算不使用任何藥物，只要繼續保持良好的睡眠習慣，並改善人

體營養吸收的能力，過了一段時間，人體的血液總量增加了，血氣也從下降趨勢改爲上升趨勢，不再有血氣透支的情形，人體不再需要分解肌肉來充當能量，血糖自然就會逐漸降低，最終回復到正常狀態。

目前醫學界認爲糖尿病是患者飲食不當所引起的，主觀的認定糖尿病就是患者喜歡吃糖或長期飲食過量所引起的。因此，一旦診斷出了糖尿病，就開始限制患者的飲食。患者原來的吸收問題沒有解決，加上飲食的限制，使營養不足的問題更加嚴重。

在現代醫學頭痛醫頭，腳痛醫腳的邏輯裡，當身體出現容易疲倦的病態後，到醫院檢查發現血液和小便中的醣份太多時，就立即認定是患者吃多了糖。其實此醣非彼糖，血液中的醣分並不完全是吃進去的糖。這個觀點也完全低估了人體的智慧，把人體想像成一根腸子通到底，吃多了糖，就排出了糖，完全忽略了人體是一個複雜的化學工廠。

當人體缺少某種營養時，會自動改變人的口味。喜歡吃糖的人很可能是身體的能量大幅不足，糖是最容易在人體內轉化成能量的食物，因此人體就會轉

化口味，使其喜歡吃糖。就算吃得太多了，人體也會自動將其排出體外。

現代醫學利用控制患者的飲食，降低能量的攝取，來維持表面上血糖的穩定；實際上人體由於能量不足，仍在繼續分解肌肉，血氣能量持續下降，健康狀況繼續惡化。患者雖然依照醫生的指示，嚴格控制飲食，以維持穩定正常的血糖指數，但是血氣能量仍然不斷的下降，各種後續的症狀陸續發生，當血液不足以供給腿部時，就出現腿功能異常，發黑，最終鋸掉；當血液不足以供給眼部時，就出現失明的症狀；最終走向死亡。

醫學界有許多科學家投入於解決糖尿病問題的研究工作中，但是幾乎所有的研究都集中在找出可以控制血糖的藥，卻由於缺乏中醫的概念，沒有進行血糖升高的整體醫理研究。

## ・糖尿病患者的養生保健方法

從前面陳述的病理分析，糖尿病是血氣極度低落的症狀，因此，保健的方法和多數疾病一樣，起步仍是血氣養生法，即敲膽經和早睡早起，使血氣快速

上升。

在血氣上升的過程中，隨著人體生產正常能量的增加，血糖會不斷上升，到了一定程度之後，才會開始逐漸下降，直到回復正常爲止。在明瞭了這個過程之後，對於上升的血糖不必在意，只要感覺體力不斷提升，身體的不正常症狀逐漸好轉，就表示疾病正逐漸遠離，身體也在逐漸康復之中。

和尿毒症的保健一樣，在血氣上升到一定程度之後身體會開始處理早期積累下來的疾病，可能出現的症狀非常複雜，這時需找合適的中醫師協助處理。

在出現任何疾病的症狀，又沒有找到合適醫生之前，自己最適當的保健方法，則是進行血氣養生法，按摩心包經。或者依照本篇第二章感冒中所述，依不同季節進行不同經絡的保健。即春天加強肝經保健，夏天則加強心經，秋天加強肺經，冬天加強腎經等。

我們從臨床的經驗中發現，糖尿病的患者肌肉都顯得較一般人爲少，同時，在養了一段血氣之後血糖就出現升高的症狀，再經過一段時間才會逐漸的下降。

我們從平常的握手中，就能很容易從一些柔弱無骨的手掌中分辨出糖尿病的患者，這些人手掌的肌肉已經消耗掉了。通常這些人在體檢時仍查不出糖尿病的症狀，經過調養了兩、三個月後，才會出現高血糖的糖尿病症狀。

從這些經驗中歸納出糖尿病發生的邏輯，這個邏輯和傳統對糖尿病的認知完全不同，可以說是一種另類思考。但是，依據這個邏輯不但能夠準確預測糖尿病的發生，更能夠藉以擬定正確的保健方法，克服糖尿病。

# 腫瘤及癌症

癌症是現代人最害怕的疾病，在統計上，台灣約有四分之一的人死於癌症，癌症一直是十大死亡原因之首，長期以來癌症就是絕症，幾乎和死亡畫上等號。

癌症的成因極爲複雜，年輕的癌症患者和年老的患者不同，不同的癌症成因也不相同，血氣低落是所有患者共同的原因，除此之外還涉及許多心靈方面的問題，單純的血氣養生法不足以克服癌症。

通常癌症患者多數在生活習慣或情緒上必定有造成疾病的原因，因此面對疾病時，最好能徹底改變生活習慣，放鬆情緒，或許還有康復的機會。有些人將癌症或腫瘤割除了之後，就認定疾病已經康復了，於是回到原來的工作崗位，繼續過著原來的生活習慣，承受著相同的壓力，這種情形過不了多久，癌症必定再度復發。

有些人則完全相反，得了病之後萬念俱灰，覺得原來的生活毫無意義，於是放下了所有的工作，也放棄了治療，遠離城市，到鄉村中度過殘生，許多癌症康復的例子很可能都是這種情形。

中國大陸諾貝爾文學獎得主高行健先生，曾經被醫師診斷得了肺癌，在萬念俱灰下，他辭去了工作，遠離城市到中國的大西北，完全放鬆的情況下過了一段寫作的日子。再回醫院診斷，醫生不再發現任何癌症的跡象，結果做出早些的診斷是誤診的結論。其實很可能原來的診斷是正確的，很可能由於他面對疾病後，徹底改變了生活習慣，血氣上升之後身體自己治癒了癌症，可是醫生認爲癌症不可能自己會好，就做出本來是誤診的結論。

美國有些癌症患者在得了癌症之後，到一些另類療法的調養中心治療，他們的治療採用生機飲食的方法，所有的食物都自己動手栽種。病人都住到鄉下，過著日出而作，日落而息的原始生活，也配合一些草藥的治療，聽說這種療法的痊癒率很高。其實這些成功的病歷中，很難分辨出那一些是由於草藥的功效，那一些又是生活習慣改變的功效。

從人體能量的觀點這個角度來看癌症，我常常把癌症分爲腫瘤和癌細胞兩種。腫瘤是身體由於能量不足無法把垃圾排出體外，暫時將之集中在垃圾流通的通道上。

癌細胞既然稱之爲細胞，則是人體組織的一部份。細胞經常會死亡和再生，當人體的血氣能量過於低落時，再生細胞沒有足夠的能量，很可能製造出具有瑕疵的細胞，就是癌細胞。

中醫的理論，人體的五臟六腑是經常處於平衡狀態的，因此當一個人的能量不足，使得臟器出現癌細胞，或身體某處堆了腫瘤時，身體其他的臟器必定也存在著癌細胞，其他部位也可能存在著腫瘤。這些眾多的癌細胞或腫瘤，開始時很可能只被發現一兩個部位的病變，等身體血氣更低時，各個部位的病變更形惡化，終於被陸續的發現，於是就成了現代醫學所稱的轉移。

癌細胞是人體的組織，是被固定在某一個位置不會移動的，腫瘤也許會流動，但不同位置的腫瘤，其內含通常也不同。這種轉移的情形很可能根本從來沒有發生過，是現代醫學依照其在細菌學上成功的經驗所推論出來的結果。

在現有醫療概念下，癌症的治療風險很高，主要是現有醫學檢驗的方法，對疾病的惡化和好轉經常會造成和實際情形相反的判斷。

例如，從腫瘤是人體的垃圾觀點所發展出來的治療方法，必定是調養身體的血氣，使身體有能力排除腫瘤。由於這些腫瘤都是固體形態的垃圾，而且多半處於人體的經絡上。人體只有從大便中才有排泄固體垃圾的能力，而大便排泄的固體垃圾只有食物的殘渣，不會有身體組織間的垃圾。身體組織間的固體垃圾必需被稀釋成液體，才有機會從汗液或小便中排出體外。

也就是說，當身體有能力排泄腫瘤中的固體垃圾時，必定需要先將這些垃圾充水溶化成液態，才有可能被排出去。當腫瘤一充水，必定使體積大幅增加，在現有的腫瘤診斷概念裡，這時必定被醫生判定爲惡化。醫院裡只有在第一次的診斷中會做組織切片檢查，了解腫瘤的成份，確認了腫瘤的性質之後，就以腫瘤的大小來判斷疾病的惡化程度，腫瘤變大了就認定是惡化的證據。因此，當身體有能量清理腫瘤時，很容易被判定爲疾病惡化了。

目前幾種腫瘤的標準治療方法，是利用化學或放射線照射的手段，使腫瘤

變小。這些方法之所以被接受，主要是根據「腫瘤大小和疾病的程度成正比」的概念下所發展出來的。實際上這些方法很可能只是把身體好不容易集中起來的垃圾，再打散均勻的分佈到組織裡去而已。把垃圾集中成腫瘤很可能是身體在能量不足時清理垃圾的一個途徑，即便是把垃圾集中起來，必定也耗費了人體不少的能量。就像我們打掃庭院時，光是把垃圾集中起來就要耗費不少工夫一樣。實際上這種打散腫瘤的治療方法，很可能只是徒然的傷害了身體。就像把集中成堆的垃圾打散到院子各個角落裡，就看不到垃圾堆，但是垃圾總量並沒有減少。癌症治療和糖尿病治療相同，都是在「眼見爲眞」邏輯下所發展出來的「粉飾太平」治療法。

在醫學系統沒有發展出正確的檢驗方法之前，癌症治療的各種嘗試都是非常危險的。正確的治療方法，很可能被判斷成使身體惡化的結果；而錯誤的方法卻具備身體改善的假象。在這樣的環境之下，防止癌症發生是最好的策略。由於血氣低落是癌症患者共同的原因，因此利用本書的養生法，長期保持血氣的充盈是避免癌症最好的方法。

健康不存在時，再多的 0 又有什麼意義？

（漫畫／鄭辛遙）

第九章

# 總　結

· 現代醫學不像大多數人認知的那麼昌明
· 「中醫現代化」不是「中醫西醫化」
· 願天下人都能擁有健康的自信

# 現代醫學不像大多數人認知的那麼昌明

十八世紀，西方發現了細菌，隨後發明了抗生素，一舉控制了瘟疫。從此奠定了西醫權威的地位，同時也將西醫的發展走向以微觀證據爲主的方向，所有醫學的技術都朝向微小世界去尋找答案。爲了在這個微小世界裡找答案，因此發展出愈來愈精密的各種設備，這些設備的愈來愈進步，使人們也覺得醫學愈來愈進步了。

經過了近兩百多年的發展，到了二十世紀末，在解剖學上，對於人體的各個部份，似乎都已經查清楚了，可是許多疾病的原因卻仍然是個謎。也有許多的疾病雖然推斷出了疾病的原因，可是依據這些原因所發展出來的醫療方法，並不能眞正的把疾病去除。多數的慢性病，只能用藥物控制，患者必需終身服藥，而醫生也很明白的告訴患者，這些藥只能減緩疾病的惡化，並不能眞正斷除疾病的根。實際上除了細菌性的疾病和外科手術以外，西醫能夠完全治癒的

疾病並不多。多數嚴重的疾病只能控制而不能治癒。

由於整體西醫理論建立在解剖學的基礎上，因此至今只有個別器官的學說，沒有整個人體運行的完整理論模型。例如高血壓就認爲問題出在心血管，所有治療完全著重在如何降壓。糖尿病就認爲問題出在分泌胰島素的胰臟，就利用藥物來平衡胰島素的分泌。這些方法都建立在「人體所以會造成這些症狀，必定是一種控制上的失誤」的假設。這是一種完全忽視人體系統智慧能力的邏輯。

人體自身具有一個智慧型的自動控制系統，這個系統很可能在發現人體有問題時，能自動調整各種系統的參數，克服這些問題所造成的影響。

例如，由於人體血液濃度改變，血管硬化等原因，使人體以原有的血壓，無法將血液送到必需送到的地方時，人體會主動調高血壓，來達到目的。也就是說，高血壓的現象有可能只是人體的應變措施所造成的結果，它本身並不是一種疾病，而目前的治療方法主要著重在調整血壓，這只能防止血管因壓力太大而破裂，並不能消除造成血壓上升的眞正原因，因此當然不能將之治好。找

出人體採取應變措施的原因，消除這些原因，才是治病的根本之道。

一九九五年美國曾經出版一本書名爲《還我健康》（Reclaim to our health），揭開美國醫學界的許多黑幕。其中對美國醫師協會利用各種手段排斥西醫以外醫療方法的研究和發展，以及美國醫學界和利益團體之間的許多見不得人的事，都有很深入的描述。我曾從事投資工作多年，了解西方國家的許多醫學研究經費都是由藥廠投資的。這一點使我懷疑他們的研究是眞的想把人們的疾病去除，還是只想控制疾病。目前西醫的治療方式是要求患者每天每餐都要吃藥，許多疾病都必需終身服藥，這是最符合藥廠利益的。不禁讓人懷疑醫學界今日的困境是不是受到這些利益影響的結果。

在那本書中也提到很多這一類醫學界輕人命而重利益的實例。最讓人驚心的是癌症治療的兩種方法——放射性治療（放療）和化學性治療（化療）。書中提到放療最早被用來治療癌症的動機，完全是美國政府爲了降低輿論反對其進行核能軍事用途的研究而硬找出來的和平用途。而後透過政府和利益團體的力量，使這項治療方法讓保險公司列爲合法的癌症治療手段，保險公司願意支

付費用。從此這項方法雖然沒有實際的證據證明眞的能夠治療癌症，但是仍然是目前最主要的醫療手段。

化療則是另一個類似的例子，開始時它所使用的藥劑，是二次大戰時的化學武器藥劑。同樣的也是在沒有證據證明它有效的前提下，只要保險公司願意支付，醫院就會推薦患者使用。因爲所有的醫生都知道這兩個療法都不能治癒疾病，因此他們從不說明到底有多少治癒率，而是強調它一年或五年的存活率有多少。

書中還提到美國對這些放療和化療醫生所做的問卷調查，問他們「如果他們自己或自己的家人得了癌症，願不願意接受他們經常替患者所做的放療或化療治療？」調查的結果出乎意料，居然絕大多數的醫生都不願意，理由是他們自己沒有見過眞正被治好的患者，但是這些治療所帶給患者的痛苦實在是太可怕了。

每一個人環顧自己周圍的親人，總會發現在有限的親友中，就有許多現代醫學無法治癒的慢性病。例如失眠、痛風、坐骨神經痛、肌無力、關節炎、過

敏性疾病、各種心臟病、高血壓、骨刺（骨質增生）、肝炎帶原、哮喘、硬皮症、尿毒症、糖尿病、各種癌症……等，都是非常普遍的現代人疾病。再從另外的角度來看，幾乎人體從頭到腳每一個器官都有現代醫學束手無策的疾病。這兩點使我對現代醫學昌明的說法有很大的懷疑，當然對西醫的治療，只著重控制，而沒有能力治癒疾病的本質，更有深切的體認。

# 「中醫現代化」不是「中醫西醫化」

中醫和西醫相反，從開始的理論就是用宏觀的方式討論人體的系統模型，從而發展出整套的醫療方法。但是其系統過於龐大，用西醫微觀的觀點，很難立即提供直觀的證據，因此一直被認爲不科學。加上中國數百年來的弱國形象，使得中醫的地位在世界上一直無法建立。

近百年來，中國不斷的在各個方面進行現代化，中醫也不例外。由於現代化的主事者在開始時就先入爲主的認爲西醫較中醫爲優，早期在二次大戰期間的汪精衛僞政府，甚至還有廢除中醫的計劃。因此中醫現代化的工作，立足點採取完全否定中醫，大膽引進西醫的方法，用西醫的分科，及西醫的診斷方法來重新界定中醫。

這種做法，與其說是「中醫現代化」，不如稱之爲「中醫西醫化」來得貼切。這種牛頭不對馬嘴硬套的結果，使得中醫完全失去了原有的優點。「頭痛

醫頭，腳痛醫腳」是長期以來中醫認定庸醫的標準。但是中醫現代化引進了西醫的觀點以後，西醫和現代化以後的中醫大多數用的是這個邏輯。

眞正的中醫面對疾病的態度和西醫完全不同，首先必需很清楚的了解敵人是疾病，而人體的作戰指揮部是人體內的自我治療系統，不是外在的醫生。外在醫生的任務，首先是了解敵情和戰況、人體自我治療系統的工作方向及作戰時可能的外在反應。其次是了解人體自我治療系統能力薄弱的環節，在適當的時候給予必要的支援，扮演好後勤補給的角色。

同時適時的給予患者病情的解釋，使患者了解自己身體的工作狀況，配合人體自我治療系統工作的需要，調整心理狀況和生活作息，提供自我治療系統最大的能量補給，做好安定患者情緒的工作。也就是外在的醫生，實際上是人體內部醫生的助手。

在中國大陸，我接觸過許多中西結合的醫生，他們多數滿腦子西醫的概念，開藥時，中、西藥都開。最常見的作法是「西醫的診斷，中醫的處方」。這是最大的弊病，首先對於臟器的定義，中西醫就有很大的不同。其次中醫的

診斷還必需經過各種邏輯的推演，如「四診八綱」的辯證，才能夠找出生病的器官。

用西醫頭痛醫頭的邏輯診斷，開中醫的藥，是完全行不通的。例如，胃潰瘍和十二指腸潰瘍，在西醫認定爲胃或十二指腸的疾病，但中醫卻認爲是肝和情緒的疾病。如果依照西醫的診斷，開出治療胃或十二指腸的中藥，其結果當然不會理想了。

其實中醫最重要的應該是診斷，透過望、聞、問、切的手段，對患者進行包括整個身體和從幼年到成年的生活習慣、心理狀況以及近期的特殊事件等做全面性的了解，再依醫生的經驗進行整體的判斷，找出病人眞正的病因。只要診斷的方向正確，治療就變成很簡單的事了，可以有許多不同的治療手段，都能對疾病產生改善甚至痊癒的效果。

嚴格說來中醫現代化，並沒有眞正開始。例如，中醫最講究血氣，可是至今沒有任何儀器可以度量血氣的多寡。其他虛症、實症更不用說了。

中、西醫結合的方式，應擷取中醫在診斷上優異的分析邏輯，以及西醫在

儀器應用和數據化的各種檢查手段，將中醫的各種診斷儀器化和數據化，逐步驗證中醫的各種理論。

分了科的中醫，就再也看不到完整的系統了。

（漫畫／鄭辛遙）

# 願天下人都能擁有健康的自信

懷著戒愼恐懼的心情，花了許多年，不知改了多少個版本，總算完成了這本書。這本書原本的用意是免費提供給需要的朋友，並且同意他們可以送給需要的人，因此，在網路上流傳了三年，沒想到卻受到許多網友的青睞，其中很多人建議我出版平面的書，並且也有出版社感興趣。由於三年來，我自己又有許多新的體會和想法，因此又花了幾個月重新整理，增刪了許多章節，並且加上必要的圖片，完成了這本書。

現代的醫學幾乎對所有慢性病都束手無策，顯然醫學這門科學存在著很大的缺陷。這是一門會影響每一個人生和死的學問，有時候小小的一個錯誤都會讓某些人失去生命，沒有機會補救。因此，這個行業有很嚴格的法律，限制著各種行爲。這些法律原來的用意是爲了保護病患的權益，也保護了醫生權益。法律規定醫生只要用被認可的醫療方法爲患者治病，如果因此導致患者發生生

命上的任何損失，他們沒有責任。由於事關人命，任何這方面的法律責任都是非常嚴重的。

這樣的法律也嚴格的限制了醫生思考的動力，只有在教學醫院工作的醫生有資格開發新的治療方法。即便是這些教學醫院的醫生，也必需冒著很大的風險，經過很長時間的動物實驗，才能在病人身上施行。

多數的醫生都只能用學校所學，或醫學界公認的方法來治病。雖然全世界有這麼多的醫生，但是只有極少數的醫生有條件開創新的醫療方法。在這樣的環境裡，就算華陀再世也很難再成爲一個神醫。

雖然在這本書中對整個現代醫學有很直接的批評，但是當我們親身經歷在加護病房中與患者共同和死神博鬥，體會了那種驚心動魄的歷程之後，對於許多獻身醫療事業，每天必需面對這麼惡劣環境的醫護人員有無限的敬意，今天醫學的問題並不是任何人的錯，而是各種無法掌握的因素長期造成的。

我們所有的科學家夥伴們都沒有醫生資格，但是每一個人都花費很長的時間研讀眾多的中醫古籍。我們不能開業行醫，只能建議一些具有醫師資格的朋

友參考我們的方法，或者提供朋友觀念上的指導。

多數時候，我們是在自己的身上進行各種試驗，每個人都很珍惜每一次生病的機會，因爲這是最好的實驗機會。所幸我們的方法是最自然而且安全的，因此，並沒有冒任何風險。每次生病，都有機會仔細觀察自己體內倒底發生了什麼事，仔細思考身體在做什麼。這本書有許多章節，都是我在生病時所寫下來的。費倫教授則在多數的經絡研究中充當白老鼠，多數實驗中的照片都是他自己擔任主角的。

也因爲「我們不是醫生」的限制，讓我們有機會發展出這一套完全不需要醫生資格就能做的保健手段和全新的健康觀念。卻意外的發現，原來正確的觀念比昂貴的藥物和危險的手術更能幫助患者消除疾病。

由於我們都沒有受過正統醫學的教育，在思考疾病的成因時，完全沒有任何框架，每個人用他原來學過的科學知識來建構自己的疾病模型，再經過一群不同技術背景的朋友共同討論，就發展出這一套理論和觀念。我們不敢說這就是眞理，但是，許多朋友讀過我們整理的文章後，都認爲很有道理，也很合邏

輯。其中很多人身體力行的奉行我們的一式三招及健康觀念，健康真的就這麼得到了。

希望這本書能夠帶給更多的朋友和家庭健康快樂的人生，也給醫學界帶來一點改變，讓更多的人開始思考醫學的基本問題，建構更接近眞理的醫學模型，有朝一日能夠將現在困擾全世界的這些慢性病全數消除。

每一個人學會了正確使用自己身體的方法之後，睡眠成爲最重要的健康手段，未來的醫療費用應該極爲低廉，希望有一天慢性病醫療服務不再是一種商業行爲，而是社會最基本的公共設施，這個世界上的每一個人都有能力和權力享用。

在掌握了健康的方法之後，眞正享受到完全不用擔心疾病的自信，這種感覺眞好，但願您也能和我們一樣擁有這份自信。

# 達觀出版‧讀者回函卡

書名：《人體使用手冊》

謝謝您購買這本書，為了加強對您的服務，以及讓我們繼續出版更多適合您閱讀的好書，請您詳細填寫這張讀者回函卡，並沿虛線剪下寄至「116台北市木柵郵局第15號信箱 達觀出版客服部收」，我們很重視您的寶貴意見，將作為我們出版方向的參考，謝謝！

◎基本資料

●姓名：＿＿＿＿＿＿＿＿ ●性別：＿＿＿

●出生日期：＿＿＿年＿＿＿月＿＿＿日

●星座：＿＿＿＿＿＿

●學歷：□小學 □國中 □高中
□大專 □研究所（含以上）

●職業：□學生 □工 □商 □服務業
□軍警公教 □大衆傳播 □自由業
□家管 □其他＿＿＿＿＿＿

●聯絡電話：（O）＿＿＿＿＿＿
（H）＿＿＿＿＿＿

●地　址：＿＿＿＿＿＿＿＿＿＿＿＿＿＿＿＿＿＿＿＿
＿＿＿＿＿＿＿＿＿＿＿＿＿＿＿＿＿＿＿＿＿＿＿＿

●您從何處得知本書：

□逛書店 □新聞報導 □親友介紹 □廣播

□書訊 □其他＿＿＿＿＿＿＿＿＿＿＿＿

●您在何處購買到本書：

□書店，店名＿＿＿＿＿＿＿＿＿＿＿

□便利商店，店名＿＿＿＿＿＿＿＿＿＿

□劃撥郵購 □其他＿＿＿＿＿＿

●這本書的書名：人體使用手冊

●您喜歡閱讀哪方面的書？

□心理　□勵志　□小說　□星座　□中國文學

□短文　□實用書，如＿＿＿＿＿＿＿＿

□其他，如＿＿＿＿＿＿＿＿

●您購買過達觀出版的哪些書？

＿＿＿＿＿＿＿＿＿＿＿＿＿＿＿＿＿＿＿＿＿＿＿＿

●您對於本書的意見：

內　　容——□滿意　□尚可　□應改進

編　　排——□滿意　□尚可　□應改進

文　　字——□滿意　□尚可　□應改進

封面設計——□滿意　□尚可　□應改進

印刷品質——□滿意　□尚可　□應改進

●您對於我們的建議：